¡CÓMO OBTENER *Y CONSERVAR* LA ATENCIÓN
DE TU PROSPECTO!

Frases Mágicas
para Redes de Mercadeo

KEITH Y TOM "BIG AL" SCHREITER

Publicado por Fortune Network Publishing

PO Box 890084
Houston, TX 77289 Estados Unidos
Teléfono: +1 (281) 280-9800

BigAlBooks.com

ISBN-13: 978-1-948197-78-6

CONTENIDOS

Viajo por el mundo más de 240 días al año. Envíame un correo si quisieras que hiciera un taller "en vivo" en tu área.

→ BigAlSeminars.com ←

¡OBSEQUIO GRATIS!

¡Descarga ya tu libro gratuito!

Perfecto para nuevos distribuidores. Perfecto para distribuidores actuales que quieren aprender más.

→ BigAlBooks.com/freespanish ←

Otros geniales libros de Big Al están disponibles en:

→ BigAlBooks.com/spanish ←

PREFACIO

Los prospectos ya están pre-vendidos.

Ya quieren lo que les ofrecemos. Hagamos una lista de lo que quieren.

- Mejores vacaciones.
- Una manera de hacer los pagos del auto.
- Un cheque extra.
- Tener más energía.
- Trabajar desde su casa en lugar de salir diario al trabajo.
- Piel que luce más joven.
- Buena salud para vivir más.
- Liquidar sus deudas.
- Facturas más bajas en servicios básicos.
- Perder peso.
- Café más rico, más saludable.
- Reconocimiento por sus esfuerzos.
- Una comunidad de personas más positivas.
- Limpiadores naturales para proteger el medio ambiente.
- Maquillaje que las hace ver maravillosas.
- Y mucho, mucho más.

Nosotros ofrecemos todo esto en nuestros negocios de redes de mercadeo.

Así que, ¿por qué nuestros prospectos no sacan ventaja de nuestras maravillosas ofertas?

Atención.

Ellos no nos escuchan. Perdemos su atención, y sus mentes divagan hacia otros pensamientos. "¡Oh, mira! ¡Una ardilla!" Con sus vidas ocupadas, mensajes, notificaciones y demás, la atención de nuestros prospectos es más breve que nunca.

Y se pone peor.

Incluso cuando nuestros prospectos se enfocan y escuchan nuestro mensaje, todavía pueden bloquear nuestras maravillosas ofertas con sus filtros y su programación negativa.

El mensaje más grande del mundo es inútil si nadie lo escucha.

Hagamonos escuchar.

Luego, nuestro prospecto puede decidir si nuestro mensaje le sirve o no.

Este libro contiene palabras y frases mágicas para hacer llegar nuestro mensaje al interior de la cabeza de nuestro prospecto.

–Keith y Tom "Big Al" Schreiter

UNA PLACENTERA CAMINATA LO EXPLICA TODO.

Dos empresarios de redes salen de sus casas para una cami-nata que les cambiará la vida.

Ambos se unieron a sus compañías al comenzar el año. Fijaron sus metas y crearon tableros de visión hermosos que colgaron en la pared. Ambos recitaban afirmaciones y cantaban la canción de la compañía. Tenían una fuerte creencia en su compañía, con todo su corazón.

Cada uno, durante su caminata, se topó con el mismo desconocido.

Uno de ellos agregó un nuevo miembro a su equipo. El otro distribuidor habló con la misma persona, pero se quedó con las manos vacías.

¿Cuál fue la diferencia?

Todo fue igual excepto… las palabras que dijeron. El primer emprendedor usó palabras mágicas probadas. El desconocido escuchó y se conectó con su mensaje, y luego ingresó. El segundo empresario usó palabras ordinarias al azar, y llegó en segundo lugar.

Desafortunadamente, el segundo empresario no sabe que estas palabras existen. Sus frases sin entrenamiento rebotaron contra la frente del prospecto, nunca ingresaron al cerebro. Incluso el mejor mensaje es inútil si no obtenemos la atención de nuestro prospecto.

Tenemos una opción. Podemos continuar "caminando por la vida," desperdiciando horas en internet, comprando listas de prospectos, y llegar en segundo lugar. (No hay compañía que pague comisiones por llegar en segundo lugar.)

O, podemos aprender palabras mágicas probadas, y convertirnos en historias de éxito en redes de mercadeo. Eso suena y se siente mucho mejor.

¿Qué hay sobre mensajes de texto y redes sociales?

Las palabras mágicas son aún más importantes cuando enviamos mensajes de texto en redes sociales. Cuando nuestros prospectos no pueden ver nuestros rostros, o hablarnos "en vivo," ¿cómo nos juzgan?

Sobre las palabras que usamos.

Sin palabras mágicas, nos juzgarán rudamente o incluso nos ignorarán. No hay segundas oportunidades.

Los simples mensajes de texto carecen de nuestro tono de voz, nuestras expresiones sociales, nuestro lenguaje corporal, y nuestro carisma natural. Además, son fácilmente malentendidos. No queremos dejar nuestro éxito al azar. Tener esperanza y buenos deseos de un golpe de suerte no es un buen plan.

¿Y qué son las palabras mágicas para redes de mercadeo?

Primero, estas palabras mágicas y frases obtienen la atención de los prospectos. La mayoría de los prospectos cae inconsciente después de unas pocas frases de una aburrida presentación de ventas. Sus mentes divagan hacia pensamientos más agradables. Nosotros naturalmente filtramos los mensajes de venta. Si nadie escucha nuestro mensaje, se acabó.

Segundo, estas palabras y frases mágicas nos ayudan a hacer un puente sobre los filtros y barreras de nuestro prospecto contra nuestro mensaje. Tenemos un gran mensaje que entregar, y sabemos que nuestro mensaje ayudará a nuestros prospectos. Desafortunadamente, nuestro mensaje es bloqueado.

Los mensajes improvisados rebotan contra la frente de nuestros prospectos, se rompen en pequeños pedazos, y terminan de destrozarse sobre el piso.

Si nuestros mensajes nunca entran al cerebro de nuestros prospectos, no tenemos oportunidad. Nuestro maravilloso mensaje se topa con sus:

- Filtros demasiado-bueno-para-ser-verdad.
- Alarmas contra vendedores.
- Programas "¿Cuál es el truco?"
- Pensamientos negativos.
- Programas de supervivencia.
- Escepticismo.
- Tendencias generales.

Nosotros vemos cómo esto ocurre todo el tiempo. Nuestro mensaje luce perfecto para nuestro prospecto. Nuestro prospecto desesperadamente necesita los beneficios que proveemos. Sí, es el traje a la medida. Y después nuestro prospecto dice "no" a nuestra oferta perfecta. ¡Auch!

Mientras esto parece no tener sentido en la superficie, ahora conocemos el problema. Nuestro mensaje nunca ingresó a la mente de nuestros prospectos. Sus barreras fueron demasiadas para superar.

Las palabras mágicas vienen a nuestro rescate.

Estas palabras y frases se sienten más cómodas para nuestros prospectos. Nos ayudan a suavizar el camino para que nuestro mensaje entre a sus cerebros.

Piensa en ello. Esto es todo lo que estamos pidiendo. Queremos entregar nuestro mensaje. Queremos que nuestros prospectos **escuchen y comprendan** nuestro mensaje. Y luego, les permitimos decidir si es que nuestro mensaje les sirve o no. No debemos manipularlos para que decidan. Le permitimos a nuestros prospectos la libertad de elegir. Podemos usar palabras mágicas y frases en todas partes.

- Para prospectar.
- Para presentar.
- Para cerrar.
- Para liderar.
- Y sí, incluso para motivar a los demás.

Suficiente sobre porqué deberíamos usar palabras mágicas. Vamos a aprender algunas ahora.

CONSIGUIENDO LA ATENCIÓN DE TU PROSPECTO CON PALABRAS MÁGICAS.

¿Cuál es el componente más valioso en la mente de nuestros prospectos?

Atención.

La atención es el nuevo tipo de cambio.

Hay una seria guerra para conseguir la atención de nuestros prospectos. Anuncios, mensajes, notificaciones, interrupciones, llamadas telefónicas, objetos brillantes, y mucho, mucho más, dominan la atención de nuestros prospectos. Todos quieren dominar y poseer la atención de las otras personas.

Debemos hacer que las mentes de nuestros prospectos lleguen a un alto total, sólo para que puedan notarnos. Si no, podemos seguir hablando, pero nadie estará escuchando. Sus miradas en blanco lo dicen todo. Nuestro "escucha" está pensando otros pensamientos mientras nosotros tiramos saliva.

Conseguir la atención para nuestro mensaje es difícil. Afortunadamente, podemos usar palabras mágicas para resolver este problema. Podemos ser el evento interesante que saque a nuestros prospectos de su trance hipnótico en la vida día a día.

Vamos a comenzar con una frase fácil que toma el control de las mentes de nuestros prospectos.

"Tengo buenas noticias y malas noticias."

Listo. Congelamos las mentes de nuestros prospectos. 6 palabras.

El programa de supervivencia y el programa de curiosidad toman control cuando decimos estas seis palabras. Nuestros prospectos piensan, "¡Oh no! Esto puede ser importante para mi supervivencia. No puedo resistir el suspenso. ¿De qué se tratan estas noticias que no conozco? Por favor, dime las noticias."

Ahora, podemos entregar nuestro mensaje a una audiencia que nos está escuchando.

No tenemos que ser psicólogos ni superestrellas de la levitación para capturar la atención de nuestros prospectos. Todo lo que debemos hacer es decir estas seis palabras, "Tengo buenas noticias y malas noticias." Esto aturde las mentes de nuestros prospectos por unos diez segundos mientras esperan ansiosamente las noticias. Diez segundos es mucho tiempo. Podemos entregar un mensaje gigante en diez segundos.

Ahora que somos dueños de diez segundos de la atención de nuestros prospectos, ¿qué mensaje nos gustaría entregar? Demos un vistazo a algunos ejemplos.

Imagina que estamos hablando con una pareja. Mientras la conversación se encamina hacia nuestro negocio, podríamos remachar su atención con frases de apertura como éstas.

Nosotros: "Tengo buenas noticias y malas noticias."

Pareja: "¿Qué? Danos las malas noticias primero, por favor."

Nosotros: "Las malas noticias son que no importa qué tan duro trabajemos en nuestro empleo, nunca tendremos suficiente dinero para jubilarnos. Las leyes de las matemáticas nos lo impiden. Las buenas noticias son que un segundo ingreso nos facilita las cosas."

Pareja: "¿Y cómo conseguimos un segundo ingreso?"

Nuestra pareja pasó de tener una mente a la deriva a ser prospectos interesados. Quieren saber cómo conseguir un segundo ingreso. ¿Cuánto nos tomó eso? Segundos.

¿Qué hay de esto?

Nosotros: "Tengo buenas noticias y malas noticias."

Pareja: "¡Oh, cielos! ¿Cuáles son las noticias?"

Nosotros: "Las buenas noticias son que con éste negocio, podemos trabajar desde nuestra casa 24 horas al día. Las malas noticias son que extrañaremos a nuestro jefe y al resto de los empleados en nuestro trabajo actual."

Pareja: "No hay problema. Podemos vivir con eso. Cuéntanos más sobre tu negocio."

¿La pareja tiene una mente abierta ahora? Sí. En lugar de estar buscando razones por las que nuestro negocio **no servirá** para ellos, ahora están buscando razones por las que nuestro negocio **funcionará** para ellos. Estos diez segundos cambiaron su actitud para el resto de nuestro mensaje. Evitamos la experiencia negativa de hacer una presentación de negocio ante críticos escépticos. Hemos creado una audiencia de mente abierta.

¿Notamos que no importó si colocamos primero las buenas noticias o las malas noticias? Cuando usamos estas seis palabras, congelamos el cerebro de nuestros prospectos. Así que, no importa cuál decidimos mencionar primero.

¿Qué tal si le preguntamos a nuestros prospectos, "¿Cuáles noticias te gustarían escuchar primero?" Ellos querrán escuchar primero las malas noticias. Los humanos están cableados para detectar las malas noticias. Queremos sobrevivir. Queremos saber si hay alguna mala noticia en el horizonte que pudiese afectar nuestra supervivencia.

¿Nuestros prospectos pueden resistir este congelamiento cerebral?

No. Es casi injusto.

Seguro, pueden fingir que no quieren escuchar las noticias, pero, ¿en qué estarán pensando en cada vez que recuerden nuestra conversación? Estarán pensando, "Me pregunto cuáles eran las buenas y las malas noticias."

Estas seis palabras mágicas son fáciles de usar. Vamos a calentar nuestro músculo de la creatividad con algunos ejemplos de conversaciones más.

Nosotros: "Tengo buenas y malas noticias."

Pareja: "Un momento. Bajemos el volumen de la televisión. ¿Cuáles noticias?"

Nosotros: "Las malas noticias son que el seguro del coche, los precios de los medicamentos, y los impuestos siguen en aumento pero nuestros cheques no. Pero las buenas noticias son que podemos comenzar un negocio de medio tiempo y empezar a conseguir deducciones de impuestos que reciben las empresas grandes. Eso nos ayudará bastante."

Pareja: "Eso suena bien, ¿pero no se necesita una gran inversión para eso?"

Nosotros: "Más buenas noticias. Podemos comenzar un negocio de medio tiempo sin gastos elevados y casi nada de costos iniciales."

Pareja: "Espera un momento. Apaguemos la televisión. Queremos escucharte ahora."

Nuestros prospectos ofrecieron voluntariamente su atención entera al ofrecer apagar la televisión. Eso es una gran señal.

Nosotros: "Tengo buenas noticias y malas noticias."

Pareja: "¿Cuáles son?"

Nosotros: "Las malas noticias son que todos vamos a morir. Pero las buenas noticias son que este producto nos ayudará a retrasar ese día tanto como sea posible."

Pareja: "¡Oh vaya! Cuéntanos sobre este producto."

***

Nosotros: "Tengo buenas noticias y malas noticias."

Compañero de trabajo: "Puedo manejar malas noticias. Trabajo aquí en el mismo empleo miserable que tú. Dime, ¿cuáles pueden ser las malas noticias?"

Nosotros: "Las malas noticias son que el jefe quiere que trabajemos horas extras otra vez el sábado, para que pueda ganar más dinero en su bono anual. Está construyendo una mansión para su retiro. Pero las buenas noticias son que encontré a alguien que puede ayudarnos a comenzar un negocio de medio tiempo como plan de escape. Voy a tomar un café con ella mañana. ¿Quieres venir?"

Compañero de trabajo: "¡Por supuesto! Tengo que comenzar a hacer algo por mi vida en lugar de por la vida del jefe."

Atención.

Como podemos ver, la atención lo es todo.

Si los prospectos no escuchan nuestro mensaje, nada sucede. No importa qué tan bueno sea nuestro mensaje.

¿Qué atrapa la atención de nuestros prospectos? Algo diferente. Algo fuera de lo ordinario. La mayor parte de nuestras vidas estamos hablando en piloto automático. Sólo cuando algo luce fuera de lugar es cuando lo notamos.

¿Nos animamos cuando escuchamos que alguien toca el timbre? ¿Cuando los relámpagos caen del cielo? ¿Cuando los monstruos gigantes entran caminando al cuarto? (Bueno, exageramos un poco.)

Así que cuando decimos que tenemos buenas noticias, nuestros prospectos piensan, "Eso es diferente. Tengo que prestar atención."

Y cuando decimos que tenemos malas noticias, nuestros prospectos piensan, "Eso es nuevo. Eso suena ominoso. Estoy preocupado por mi supervivencia. Tengo que prestar atención."

Para capturar la atención de nuestros prospectos, deberíamos pensar en, "Grande, audaz, novedoso, inusual, emocionante, inesperado, diferente." Las personas tienen cortos periodos de atención por naturaleza. No podemos esperar que cambien. Debemos ajustar nuestras palabras para conseguir su atención.

Es fácil callar la mente de nuestros prospectos para que escuchen nuestro mensaje. Estas seis palabras, "Tengo buenas noticias y malas noticias," hacen el trabajo rápidamente.

Una vez que nuestros prospectos están escuchando, podemos insertar nuestros problemas y soluciones dentro de nuestra conversación de "buenas/malas noticias." Nuestros prospectos escuchan nuestro mensaje fuerte y claro. Ellos determinarán si nuestro mensaje les servirá o no.

¿Esta es la única combinación de seis palabras en la historia de la humanidad?

Por supuesto que no. La belleza de las frases y palabras mágicas es que hay muchas para escoger. Entre más palabras y frases conocemos, más fácil es que escuchen nuestro mensaje.

Cuando descubramos por primera vez cuán fácil es esto, pensaremos en todos los prospectos que arruinamos en el pasado. No podemos cambiar nuestro pasado. Pero podemos tomar acción y diseñar nuestro futuro. Queremos darle a todos los prospectos la oportunidad de escuchar nuestro mensaje fuerte y claro.

¿Cuál es otra combinación corta de palabras que podemos usar?

"Hay dos tipos de personas en el mundo."

De nuevo, congelamos las mentes de nuestros prospectos. Ocho palabras.

El programa de supervivencia y el programa de curiosidad de nuevo toman el control cuando decimos estas ocho palabras. Nuestros prospectos piensan, "¡Oh no! Esto puede ser importante para mi supervivencia. Shhh… No puedo soportar el suspenso. Además, me pregunto cuáles serán los dos tipos. ¿De cuál tipo soy yo?"

Ahora podemos entregar nuestro mensaje ante una audiencia atenta. Son como cachorrillos esperando un premio. Meneando la cola, babeando, atención completa.

¿No nos crees que estas palabras funcionan? Prueba con esto.

Durante una conversación, di esto, "Hay dos tipos de personas en el mundo." Luego, no digas nada más. Y espera. Y espera. El suspenso volverá locos a nuestros interlocutores.

Ahora es un buen momento de algo de diversión. Aquí tienes algunos ejemplos de cómo decir estas ocho palabras e incluir nuestro mensaje con ellas.

- "Hay dos tipos de personas en el mundo. Quienes tratan de pasarlo con un cheque cada mes, y quienes saben cómo obtener un segundo cheque."

Nuestros prospectos pueden elegir en cuál grupo quieren estar. Pueden continuar con sus vidas como están. O, pueden levantar sus manos y ofrecerse como voluntarios diciendo, "Hey, dime más. ¿Cómo consigo un segundo cheque?"

¿Notaste que todo lo que hicimos fue darle a nuestro prospecto una opción? Ellos pueden ignorar nuestra opción, o decidir tomarla. No hay rechazo, es cómodo para todos. Vamos a hacer algunas más.

- "Hay dos tipos de familias en el mundo. Quienes toman vacaciones ordinarias, y quienes toman vacaciones que recordarán por siempre."

¿Cuáles piensas que serán las siguientes palabras de nuestros prospectos? La mayoría de los prospectos abrirán sus mentes y nos preguntarán, "¿Cómo funciona?"

Esto puede parecer demasiado fácil. Pero hacer que las personas abran sus mentes con palabras mágicas es simple de dominar en cuestión de minutos.

Aquí hay más de estas frases mágicas de apertura.

- "Hay dos tipos de dietas en el mundo. Las que te hacen comer cosas chistosas, ejercitarte, y morir de hambre, y siempre terminas viendo cómo el peso regresa. Y, las que te hacen perder peso una vez y no recuperarlo nunca."

- "Hay dos tipos de personas en el mundo. Quienes tienen el teléfono de un abogado en su marcado rápido, y quienes siempre terminan siendo abusados."
- "Hay dos tipos de personas en el mundo. Quienes luchan por mantenerse despiertos en el trabajo por las tardes, y quienes tienen energía el día entero."
- "Hay dos tipos de personas en el mundo. Quienes tratan de resanar las arrugas con cremas y lociones sobre el cutis, y quienes previenen las arrugas con una buena nutrición desde adentro."
- "Hay dos tipos de personas en el mundo. Quienes usan maquillaje y cosméticos baratos, y quienes se ven bien cada día de sus vidas."
- "Hay dos tipos de personas en el mundo. Los que usan limpiadores químicos en sus casas, y quienes protegen el medio ambiente y usan limpiadores naturales."
- "Hay dos tipos de personas en el mundo. Quienes luchan contra el tráfico diariamente para ir a trabajar, y quienes disfrutan trabajando desde su casa."
- "Hay dos tipos de personas en el mundo. Quienes quieren hacer algo por su salud, y quienes se rinden y ya no les importa."
- "Hay dos tipos de estudiantes en el mundo. Quienes se gradúan con una enorme deuda estudiantil, y quienes se gradúan con un negocio de medio tiempo que les ayuda a hacer los pagos del préstamo."
- "Hay dos tipos de propietarios en el mundo. Quienes pagan demasiado en su factura eléctrica, y quienes reciben ahorros extras que les permiten pagar la hipoteca."

- "Hay dos tipos de mujeres en el mundo. Quienes van a la reunión de la secundaria luciendo 20 años más viejas. Y quienes ponen celosas a toda la generación."
- "Hay dos tipos de conductores en el mundo. Quienes se estresan cada vez que sobrepasan el límite de velocidad, y quienes conocen el secreto de librarse de las multas."
- "Hay dos tipos de personas en el mundo. Quienes pagan los servicios al menudeo, y quienes optan por el descuento automático cada mes."
- "Hay dos tipos de personas en el mundo. Quienes disfrutan pagar facturas enormes por su telefonía móvil, y quienes dis-frutan de un mejor servicio por menos dinero."
- "Hay dos tipos de personas en el mundo. Quienes se quejan sobre no tener dinero, y quienes saben cómo generar más." (Adivina lo que nuestros prospectos dirán después.)

LOS PROSPECTOS NOS JUZGAN...
MUY DURO.

Sólo tenemos una oportunidad de hacer una buena pri-mera impresión. Nuestras primeras palabras pueden hacer una diferencia enorme. Elegir buenas palabras para iniciar una conversación con los prospectos nos da la mejor oportunidad para hacer una impresión favorable.

Nuestras palabras mágicas deberían ser seguras. No necesitamos alarmar ni insultar a nuestros prospectos. No queremos provocar un rechazo. Cuando tenemos buenas relaciones con los prospectos, cosas buenas suceden.

Esto no tiene que ser complicado. Por ejemplo, aquí hay una secuencia de dos palabras que nos ayuda a congelar el cerebro de nuestros prospectos, para que podamos entregar nuestro mensaje.

"¿Adivina qué?"

¿Cuál es la respuesta más común que podemos esperar de esta frase?

"No sé, ¿qué?"

Y ahora las mentes de nuestros prospectos esperan nuestro mensaje. Aquí hay algunos ejemplos.

Nosotros: "¿Adivina qué?"

Prospectos: "¿Qué?"

Nosotros: "Ahora podemos perder peso comiendo todo el chocolate que queramos."

Ahora esperamos por su reacción y su respuesta. Si a nuestros prospectos les gusta el chocolate, y quieren perder peso, ellos se venden a ellos mismos antes incluso de que comencemos nuestra siguiente oración. Pueden estar pensando, "Aquí está todo mi dinero. ¡Trae el chocolate!"

Nosotros: "¿Adivina qué?"

Prospectos: "Ehhh no sé. ¿Qué?"

Nosotros: "Comencé a usar un suero facial nuevo la semana pasada, y mi esposo pudo notar la diferencia de inmediato. Mis arrugas se están encogiendo."

Si nuestros prospectos se preocupan por sus arrugas, se ofrecerán como voluntarios y dirán, "Eso suena asombroso, dime más." Sus mentes toman la decisión de probar algo nuevo.

Todo lo que debemos de hacer es tomar a los voluntarios. Si alguien no está interesado, puede cambiar el tema. Aquí hay algunas frases rápidas.

Nosotros: "¿Adivina qué?"

Prospectos: "Dime."

Nosotros: "Me bajaron el pago de mi seguro del auto. Ahora tengo más dinero para salir el fin de semana con mi familia."

**

Nosotros: "¿Adivina qué?"

Prospectos: "¿Qué?"

Nosotros: "Voy a iniciar mi propio negocio, pero sin riesgo. Comenzaré de medio tiempo para estar seguro que va bien."

**

Nosotros: "¿Adivina qué?"

Prospectos: "Me rindo. ¿Qué?"

Nosotros: "Estoy por comenzar una nueva carrera. Trabajar en esta oficina no es mi futuro."

**

Nosotros: "¿Adivina qué?"

Prospectos: "¿Qué hay?"

Nosotros: "Recibí mi primer cheque de mi negocio de medio tiempo. Voy a usarlo para pagar algunas de mis deudas."

**

Nosotros: "¿Adivina qué?"

Prospectos: "Me rindo. ¿De qué se trata?"

Nosotros: "Ahora puedo pagar mis vacaciones a precio de agencia, así que llevaré a mi familia a unas vacaciones fabulosas por menos dinero."

Dos palabras. Atención instantánea. Prospectos de mente abierta. Sin cierres duros. Sin rechazo. Todo lo que debemos de hacer es tomar a los voluntarios que se conecten con nuestro mensaje.

Ahora, estas palabras mágicas comienzan a tener sentido.

Los humanos tienen cerebros perezosos. ¿Qué hacen los prospectos cuando hablamos con ellos? Escuchan algunas palabras clave, toman una decisión rápida basados en esas palabras, y luego divagan pensando en algo más. Así de rápido nos juzgan.

Una manera fácil de ilustrar esto es ver la anatomía de una llamada telefónica cuando queremos obtener una cita con nuestro amigo. Demos un vistazo a las palabras que usamos, y en lo que nuestro amigo está pensando basado en esas palabras. Precaución. Esto podría ser doloroso.

Nosotros: "Hola, buen amigo."

Amigo: (Oh-oh. Me vas a pedir un favor. Espero que no sea dinero. O una mudanza. Detesto cargar muebles.)

Nosotros: "Me uní a un nuevo negocio..."

Amigo: (Oh no. Esto no va a terminar bien. Me pedirás que compre algo o haga algo que no quiero hacer. ¿Cómo salgo de ésta?)

Nosotros: "...y me encantaría darte una presentación."

Amigo: (¿Una presentación? ¡Alarma de vendedores! Parece que me quieres tomar el pelo durante una hora y hacerme sentir mal si no compro o no entro. Odio las presentaciones de venta.)

Nosotros: "Solamente necesito 30 minutos de tu tiempo."

Amigo: (¡¿30 minutos?! No tengo ni 30 segundos. Tengo miles de otras decisiones por hacer. No puedo frenar mi vida para escuchar una presentación de venta para comprar cosas de otra gente.)

Nosotros: "¿Cuándo sería un buen momento para pasar a tu casa? Martes 2pm, o Jueves 4pm?"

Amigo: (¿Te secuestraron los extraterrestres? Tú no hablas así. Suenas como uno de esos mañosos vendedores de coches de película de los 70s.)

Esto se pone peor, pero no queremos entrar ahí. Nadie quiere pesadillas adicionales mientras duerme.

¿Notamos cómo ciertas palabras activan sentimientos negativos en nuestros cerebros?

Si ciertas palabras tienen el poder de hacer que nuestro cerebro diga "no," entonces ciertas palabras tienen el poder para hacer que nuestros cerebros digan "sí."

Así que la pregunta que deberíamos hacernos es, "Si voy a hablar de todas maneras, ¿qué palabras debo usar? ¿Debería de usar palabras que producen decisiones de 'no,' o debería de usar palabras que producen decisiones de 'sí'?"

No tenemos que ser científicos nucleares para responder esta pregunta. Pero, ¿no se siente genial saber que ciertas palabras y frases sí funcionan, y que tenemos el poder de decidir usarlas?

¿Listo para algunas breves frases mágicas?

"Bueno, tú sabes cómo..."

Qué manera tan genial de introducir nuestro negocio o productos a la conversación. Nuestros prospectos escuchan estas palabras todos los días. Por ejemplo, imagina que estamos al lado de la cafetera en el trabajo. Nuestros colegas comienzan a quejarse como de costumbre. Dicen cosas como:

"Bueno, tú sabes cómo está el tráfico para llegar a la oficina todos los días."

"Bueno, tú sabes cómo la compañía nos da café gratuito que sabe horrible."

"Bueno, tú sabes cómo llueve en fin de semana."

"Bueno, tú sabes cómo este empleo nos ocupa la mayoría de la semana."

Todos escuchan estas palabras a diario. No le prestan atención a estas palabras cuando las escuchan. Estas palabras son parte del ruido que ignoramos diariamente. Pero cuando decimos estas palabras, nuestros prospectos quieren creer lo que sea que digamos después. Hablo más sobre esto en mi libro, *Cómo Obtener Seguridad, Confianza, Influencia y Afinidad al Instante! 13 Maneras de Crear Mentes Abiertas Hablándole a la Mente Subconsciente.*

Aquí está la parte buena. Cuando decimos estas cuatro palabras, nuestros escuchas comienzan a mover la cabeza y a sonreír casi de inmediato. ¡Y eso es antes incluso de escuchar el final de nuestra frase! Esta es una de las frases más seguras para introducir nuestro negocio y productos a una situación social. Aquí hay algunos ejemplos más de cómo usar esta frase para comenzar conversaciones en la dirección correcta.

"Bueno, tú sabes cómo es muy difícil salir adelante hoy en día."

"Bueno, tú sabes cómo queremos vivir más tiempo."

"Bueno, tú sabes cómo queremos que nuestro rostro sea nuestra mejor primera impresión."

"Bueno, tú sabes cómo nuestro empleo interfiere con nuestra semana."

"Bueno, tú sabes cómo nos sentimos cansados a media tarde."

"Bueno, tú sabes cómo los fines de semana son mucho más divertidos."

Cuando usamos esta frase, nuestros prospectos se sienten geniales. Lo que sea que digamos después se siente familiar. Creamos afinidad y una genial conversación.

Esta es una de las frases mágicas más fáciles de practicar. Inserta estas palabras frente a tus dichos favoritos, y observa cómo la gente se relaja. Después de hacer esto durante una semana, estamos en camino de hacerlo un hábito.

"Puede que esto sea lo tuyo o no, pero..."

En la década de 1970, asistí a un taller para aprender técnicas nuevas para mi negocio de redes de mercadeo.

El instructor, John Walker, dijo: –Hazlo fácil y libre de rechazo cuando hables con personas. Dales un escape natural, por que si no están interesados, no se sentirán avergonzados. A cambio, serán amables contigo.–

Eso sonó genial. Yo odiaba el rechazo. Una solución perfecta para introvertidos tímidos como yo.

Cuando le damos a los prospectos una manera grácil de decirnos "no," no tienen que inventar objeciones absurdas como, "Es pirámide. Tengo que investigarlo más tiempo. Tengo que pedirle permiso a las ardillas del patio."

Él continuó entrenándonos para decir:

"Puede que esto sea lo tuyo o no, pero..."

Y, ¡vaya! Estas palabras mágicas hicieron que prospectar fuera tan fácil. Ahora podía decir cosas tales como:

"Puede que esto sea lo tuyo o no, pero recientemente inicié un nuevo negocio. Pensé que podrías tener interés también."

"Puede que esto sea lo tuyo o no, pero acabo de encontrar la manera de comenzar un negocio de medio tiempo que no estorbe con mi trabajo. ¿Es algo que te gustaría revisar también?"

"Puede que esto sea lo tuyo o no, pero estoy renunciando a conducir todos los días al trabajo y de regreso. ¿Tú también detestas el tráfico?"

"Puede que esto sea lo tuyo o no, pero alguna vez has pensado en ser tu propio jefe?"

"Puede que esto sea lo tuyo o no, pero pienso que sé dónde podríamos hacer mucho dinero."

"Puede que esto sea lo tuyo o no, pero esto es algo que nos ayudará a jubilarnos más pronto."

Aquí está lo que ocurrió cuando usé esta frase. La mayoría de los prospectos me decía, "Cuéntame más." ahora tenía a alguien con una mente más abierta para escuchar mi mensaje. Y todos nos sentíamos bien. Eso era importante.

Si estas palabras no son léxico común donde vives, puedes cambiarlas, "Esto puede ser interesante para ti o no, pero…"

Aquí hay algunos ejemplos rápidos.

"Esto puede ser interesante para ti o no, pero encontré una manera de poder dormir mejor por la noche."

"Esto puede ser interesante para ti o no, pero Mary me dijo de una manera genial de perder peso rápidamente."

"Esto puede ser interesante para ti o no, pero ahora podemos ir de vacaciones y recibir descuentos enormes."

"Esto puede ser interesante para ti o no, pero encontré un producto nuevo que hace que el tiempo retroceda en nuestro cutis."

"La trampa."

"Trampa" evoca todo tipo de emociones negativas en nuestro cerebro. Esta es una famosa fórmula de encabezados que captura la atención.

"La trampa de _____."

Aquí hay ejemplos para preparar nuestra creatividad.

- La trampa del empleo.
- La trampa de los desplazamientos.
- La trampa de las arrugas.
- La trampa de las dietas.
- La trampa de "las vacaciones del infierno."
- La trampa de la jubilación.
- La trampa de las guarderías.
- La trampa de los ahorros para el retiro.

La palabra "estafa" tiene el mismo efecto. No es difícil conversar con prospectos.

"¡Controversia!"

Una afirmación o encabezado controversial resalta. Le damos nuestra atención.

¿Cuáles son algunas frases controversiales que pueden impactar a nuestros prospectos?

- El ejercicio está sobrevalorado.
- La fruta es mala para tu salud.
- Las cuentas de ahorro son obsoletas.

- El estrés de las responsabilidades provoca que los hombres mueran jóvenes.
- Los coches deberían de prohibirse.
- Las espinillas son buenas para nosotros.

Una vez que tenemos su atención, explicamos por qué comenzamos con estas palabras. Escucharán nuestro mensaje. Aquí hay un ejemplo.

"¡Deja de educar de más a tus hijos!"

"La ciencia ha demostrado que el factor más importante para el éxito es la acción. Reemplazar la acción con educación sólo prepara a nuestros niños para empleos mediocres, de bajo nivel, trabajando para personas que tomaron acción en sus vidas. A menudo se dice que los estudiantes de '10' terminan trabajando para los estudiantes de '7' que iniciaron su propio negocio."

¿Por qué son tan simples estas frases?

Por que nuestros cerebros son perezosos. Amamos tomar decisiones en automático basados en lo que conocemos. Nuestra mente subconsciente guarda estas decisiones por nosotros.

Sin embargo, si recibimos mucha información nueva o retos, esto requerirá trabajo duro de parte de nuestra mente subconsciente. Nuestro cerebro no quiere eso.

Seguro, nos gustaría pensar que analizamos conscientemente todas nuestras decisiones. Desafortunadamente, eso no es verdad. Para conservar nuestra valiosa energía cerebral, usamos atajos.

Cuando nuestro cerebro está siendo retado con algo nuevo, trata de relacionarlo con algo sobre lo cual pueda decidir automáticamente. A menudo cambia la pregunta sólo para facilitarse las cosas. Aquí hay un ejemplo.

Un vendedor da una larga y complicada presentación. Mucha información, videos, y demasiadas opciones. Nuestros cerebros pueden hacer una de dos cosas:

#1. Pensar cuidadosamente a través de toda la información. Considerar las secuencias de nuestras decisiones. Vaya. Eso va a ser demasiado trabajo, y tomará bastante tiempo. Pero, tenemos miles de decisiones más por hacer que están esperando en nuestro cerebro. Ahora sentimos estrés.

O,

#2. Enmarcar todo este encuentro con una simple pregunta. "¿Me agradan y confío en los vendedores?" Eso crea una respuesta "no" rápida y automática. ¡Excelente! Eso fue mucho más fácil. Ahora, volvamos a todas esas otras decisiones que tenemos en espera, tal como el programa que queremos ver esta noche en televisión.

Es por esto que debemos mantener todo muy simple.

La estrategia más fácil es capturar la atención de nuestro prospecto y entregar un mensaje corto y claro. Eso es más amable para el cerebro de nuestros prospectos.

Pero apenas estamos comenzando. ¿Qué más podemos decir para capturar la atención de nuestros prospectos?

PRESENTAR CON PALABRAS MÁGICAS.

Es genial capturar la atención de nuestros prospectos, pero es otro reto el conservarla.

Nuestros prospectos se aburren rápido. Debemos de involucrarlos constantemente con frases mágicas a lo largo de nuestra presentación. Eso significa que necesitamos una variedad de maneras para hacer que piensen, "¡Hey! Necesito prestar atención a lo que digas."

La mayoría de estas frases mágicas funciona en cualquier momento. Podemos usarlas al comienzo, en la mitad, o al finalizar nuestra presentación. Todo lo que queremos es que nuestros prospectos escuchen nuestro genial mensaje.

Hagamos algunas frases mágicas rápidas y fáciles.

"No me creas lo que digo."

Los prospectos ya son escépticos. ¿Por qué no deberían de serlo? Todos están tratando de venderles algo, manipularlos, influenciarlos, y presionar sus objetivos a donde sea que van. Así que, ¿cómo conseguimos atravesar su escepticismo? Podemos impactarlos para que tomen consciencia al decir, "No me creas lo que te digo."

Esto evita que los prospectos nos juzguen a nosotros y a nuestra credibilidad. Nuestros prospectos pensarán, "Entonces,

¿en quién debería de creer sobre este hecho? Me siento mejor obteniendo pruebas de una fuente externa o una tercera persona." Aquí hay algunas pocas maneras en que podemos usar esto en situaciones de la vida real.

"No me creas lo que te digo. Mira tu propia experiencia." (Esperamos que la experiencia personal del prospecto verificará que lo que decimos es verdad.)

"No me creas lo que te digo. Mira lo que están diciendo los expertos."

"No me creas lo que te digo sobre que ésta es una genial oportunidad. En lugar de eso, mira la evidencia. La compañía ofrece una garantía de devolución de tu dinero al 100%. No estarían haciendo eso si no tuviesen confianza en tu éxito."

"No me creas lo que te digo. En 30 días, mírate al espejo y ve las pruebas por ti mismo."

"No me creas lo que te digo. Vamos a entrar a Internet ahora y veamos lo que otros tienen que pagar por sus viajes comparados con nuestros precios especiales con descuento."

"No me creas lo que te digo. El gobierno tiene una lista de todos los ingredientes que son dañinos y deberíamos de estar evitando."

"No me creas lo que te digo. Identifica los peores problemas de piel que tienes, y ve lo que esta crema puede hacer por ti en sólo cuatro días."

Esta es una manera genial de superar el escepticismo natural de nuestros prospectos.

"Pero aquí está una idea aún mejor."

"¿Una mejor idea? ¡Eso suena emocionante! ¿De qué se trata esa mejor idea de la que hablas?"

Que manera tan genial de mantener la atención de nuestros prospectos. Quizá sepultamos a nuestros prospectos en datos, características y beneficios. Eso les entume la mente. Estamos hablando sobre nuestros temas, y no sobre nuestros prospectos. Esta simple frase alerta a nuestros prospectos de que estamos por decir algo nuevo e interesante. Quieren escucharlo.

¿Algunos ejemplos?

"Pero aquí está una idea aún mejor. En lugar de que tus desayunos actuales incrementen tu cintura, toma nuestra deliciosa malteada como desayuno. Ahora tu desayuno te estará bajando de peso cada día."

"Pero aquí está una idea aún mejor. En lugar de hacer presupuestos extremos, ¿por qué no mejor disfrutamos de un segundo cheque cada mes?"

"Pero aquí está una idea aún mejor. En lugar de luchar contra las arrugas en el exterior con cremas y lociones, luchar contra la causa de las arrugas desde adentro."

"Pero aquí está una idea aún mejor. En lugar de mostrarle a tus hijos fotos de Disney, ¡llévalos a Disney! ¿Cómo? Creando un segundo ingreso con nuestro negocio de viajes."

"Pero aquí está una idea aún mejor. Pagar por la universidad de nuestros hijos con un negocio de medio tiempo. Así tu hijo se graduará sin préstamos estudiantiles."

"Pero aquí está una idea aún mejor. En lugar de darle sermones a tus hijos para que apaguen las luces, simplemente permítenos enviarte un recibo más bajo."

"Considera esto."

Esto casi suena como una orden. Pero cuando decimos, "Considera esto," nuestros prospectos inmediatamente prestan atención. Para ellos, están por recibir una oferta. O, están por escuchar algo nuevo que tendrá beneficios en el futuro. Demos un vistazo a algunos ejemplos.

"Considera esto. Podemos extender nuestra esperanza de vida con una nutrición bien planeada."

"Considera esto. Los empleos ya no son tan seguros como solían serlo, y queremos la seguridad financiera de un segundo cheque."

"Considera esto. A todos les salen arrugas. Ahora podemos hacer algo al respecto de esas arrugas."

"Considera esto. Hacer dieta no funciona. Debemos ser más listos que eso." "Considera esto. Nunca podremos retirarnos si seguimos en un empleo. No hay suficiente dinero en ese cheque."

"Considera esto. Las vacaciones deberían de crear recuerdos familiares memorables. Este programa nos muestra cómo podemos darnos vacaciones familiares de lujo pero con precios de descuento."

"Considera esto. Conducir a la oficina es un tiempo perdido que nunca volverá."

Si usamos "Considera esto" con nuestros prospectos, ellos escucharán nuestras próximas frases.

"Significa que..."

"Significa que" es una frase excelente para explicar nuestra jerga y nuestros tecnicismos. Esto le ayuda a nuestros prospectos comprender lo que estamos diciendo. Cuando mencionamos "volumen grupal," nuestros prospectos no entienden a qué nos referimos. Así que expandimos nuestro mensaje con las palabras, "significa que." Aquí hay dos ejemplos rápidos.

Podríamos decir, "Nos pagan sobre nuestro volumen grupal, significa que, nos pagan por las ventas que hacen las personas que asociamos, y las personas que ellos asocian, etc."

O, "Usamos la última tecnología de liposomas, significa que nuestro producto se va directo al interior de nuestras células con la máxima potencia."

"Significa que" es una poderosa manera de explicar términos difíciles de entender. Pero hay un beneficio más grande.

"Significa que" captura la atención de nuestros prospectos. Cuando escuchan estas palabras, piensan, "Viene una explicación. Esto me ayudará a entender mejor. Debería de prestar atención."

Esta frase de "significa que" los saca del modo "soñando despierto" y atrapa su atención. Vamos a hacer más ejemplos.

"En nuestro negocio, tienes un patrocinador, significa que tienes a una persona experimentada que te ayuda a comenzar."

"Nuestros productos funcionan rápidamente, significa que nuestros clientes obtienen resultados inmediatos y sonríen."

"Puedes crear un ingreso de medio tiempo con nosotros, significa que puedes liquidar la deuda de las tarjetas en menos tiempo."

"Con nuestro programa de dieta, todo lo que haces es reemplazar el desayuno, significa que no tienes que morir de hambre."

"Este negocio es simple, significa que puedo explicarlo en menos de dos minutos."

"Este negocio puede crecer, significa que eventualmente puedes trabajar desde tu casa en lugar de hacer desplazamientos."

"Puedes llamar con nuestros abogados en una emergencia, significa que nunca tendrás que preocuparte por que alguien abuse de ti."

"Nuestros productos son naturales, significa que estarás mejorando el medio ambiente cada vez que los utilices."

"Significa que" es una manera poderosa de involucrar a nuestros prospectos para que puedan escuchar nuestro mensaje.

"Por ejemplo."

Nuestros cerebros disfrutan de conceptos simples. No nos gusta pensar mucho.

¿Cómo le indicamos a nuestros prospectos que estamos a punto de simplificar las cosas para ellos? Con las palabras, "por ejemplo."

Decir las palabras "por ejemplo" renuevan la atención que nuestros prospectos tienen a nuestra conversación.

Aquí hay algunos ejemplos.

"Por ejemplo, digamos que continúas en tu trabajo hasta que tienes 65 años. ¿Piensas que tendrás los ahorros suficientes para durar otros 20 o 30 años?"

"Por ejemplo, la mayoría de los limpiadores caseros están repletos de químicos que contaminan nuestros ríos."

"Por ejemplo, aprendiste a usar un teléfono inteligente, por lo tanto tienes la capacidad de aprender las habilidades para tener éxito con nuestro negocio."

"Por ejemplo, supón que te detiene la policía, y la situación se pone mal. Esta membresía te permite hablar con un abogado al instante."

"Por ejemplo, incluso si recibes un aumento de 5% este año, no está a la par de la inflación."

"Por ejemplo, si todos en la oficina trabajaran más duro, sólo el jefe podría comprar una casa más grande para su retiro."

"Por ejemplo, esta malteada de proteína reemplaza tus caros desayunos que te engordan a diario. Con esto es fácil perder peso."

"Por ejemplo, la mayoría de las arrugas comienzan a los 30, pero las personas inteligentes saben cómo retrasarlas."

"Por ejemplo, esta pequeña píldora reemplaza la nutrición que hay en 2 kilos de lechuga."

"Por ejemplo, mi hermana usó esta membresía de viajes y ahorró $300 sobre el precio más bajo que encuentras en Internet."

A nuestros prospectos les fascinan los ejemplos.

"¿Alguna vez has sentido que algo no está bien?"

Suena como el comienzo de una película de terror, ¿no es así? Bueno, es un gancho genial para conseguir la atención de las personas.

¿Qué viene después? Una historia, por supuesto.

Ahora nuestros prospectos escucharán nuestro mensaje.

¿No eres bueno con las micro-historias? No te preocupes. Crea una historia en torno a:

- Escepticismo.
- Duda.
- Los problemas de nuestros prospectos.

Aquí hay algunos ejemplos.

"Alguna vez has sentido que algo no está bien? Aquí estaba yo, 40 años de edad, con 20 años de trabajo detrás de mí. ¿Y qué tenía como resultado por mis 20 años de duro trabajo? Pagos de hipoteca, mensualidades del coche y nada de dinero en mi cuenta de ahorros. Y pensé, 'Esto no está bien. Necesito un cambio.' Y es por eso que le di un vistazo a este negocio de medio tiempo."

¿En qué están pensando nuestros prospectos después de escuchar nuestra micro- historia? Muchos se visualizarán a ellos mismos dentro de la historia. Querrán saber más sobre qué hicimos después para que las cosas cambiaran.

Aquí hay otra micro-historia.

"Alguna vez has sentido que algo no está bien? Cuando éramos jóvenes, podíamos comer toneladas de comida chatarra y seguir delgados. Ahora, todo lo que hace falta es mirar una papa frita para engordar. Pensé que hacer dietas y morir de hambre no arreglaría mi problema, pero cambiar mi metabolismo sí. Ahora puedo comer tranquilo sabiendo que no voy a ganar todo ese peso extra."

Y otra.

"Alguna vez has sentido que algo no está bien? Recibimos el recibo eléctrico, y sabemos que nos están cobrando de más de algún modo, pero no sabemos cómo lo hacen. Yo soluciono eso con las familias para que puedan disfrutar de un recibo más bajo. No hace falta pagar de más cuando no es necesario."

Y una más.

"Alguna vez has sentido que algo no está bien? Algunas personas se arrugan demasiado, y otras no parece que envejezcan. ¿Qué es lo que saben los que no se arrugan? Fui a un seminario para descubrir su secreto."

Ah, esto es demasiado divertido. Recuerda esta cita de Ellen Goodman. Ella no usa las palabras, "Alguna vez has sentido que algo no está bien?" pero podríamos colocarlas antes de esta cita y sonaría completamente natural.

"Normal es vestirte con la ropa que compraste para el trabajo y conducir en el tráfico en un coche que sigues pagando – para llegar al trabajo que necesitas para pagar la ropa, el coche y la casa que dejas vacía todo el día para que puedas costear vivir ahí."

Sólo vamos comenzando con estas frases que atrapan la atención. ¿Quieres más?

"HAY UN TRUCO."

Tomaremos el control de las mentes de nuestros prospectos. Simplemente usa estas tres palabras: "Hay un truco."

La supervivencia es el programa #1 que domina nuestras vidas. Nuestras mentes activan primero ese programa para asegurarse que estemos con vida. Si no sobrevivimos, bueno, nada más importa. Cuando le decimos a nuestros prospectos que hay un truco, ellos vacían su mente de todos sus pensamientos. Luego, se concentran en lo que estamos por decir a continuación. Qué oportunidad tan genial de entregar nuestro mensaje.

Las buenas noticias son que si exponemos un "truco" en nuestra presentación, obtenemos credibilidad. Todos saben que nada es perfecto. Cuando le decimos a nuestros prospectos que nuestra oferta no es perfecta, tienden a creernos más. Para ellos, pareciera como si estamos dando una presentación justa e imparcial.

Pero la primera razón para decir que hay un truco es hacer llegar nuestro mensaje al interior de la cabeza de nuestro prospecto. De nuevo, nuestra meta es que escuchen nuestro mensaje, y dejar que nuestros prospectos decidan si nuestro mensaje les servirá o no.

Hora de algunos ejemplos.

"Sí, se puede ganar mucho dinero con nuestro negocio. Sin embargo, hay un truco. Vas a pagar más impuestos por ingresos."

"Nuestro sistema de cuidado para el cutis hará que tu piel luzca más joven cada mes. Pero, hay un truco. Si lo usas demasiado, lucirás tan joven que no podrás pedir alcohol en el bar."

"Eventualmente, puedes hacer este negocio de tiempo completo desde tu casa. Suena bien, pero hay un truco. Vas a extrañar a tu jefe y a los demás empleados de tu trabajo actual."

"Nuestro paquete de súper-nutrición hace que el tiempo corra en reversa. Incluso le puede servir a tu abuela. Pero, hay un truco. Tu abuela te estará pidiendo que la lleves a sus clases de karate y a sus presentaciones de break-dance."

"Puedes ganar más en nuestro negocio que en tu trabajo. Pero hay un truco. Puede llevarnos varios meses sin ingresos para colocar los cimientos de tu nuevo negocio."

"Hay un truco" es una forma muy poderosa de capturar la atención de nuestros prospectos.

"Pero aquí está el problema..."

Similar a "Hay un truco," esta frase captura la atención de nuestros prospectos. Los problemas son diez veces más interesantes para nuestros prospectos que los beneficios. Nuestras tendencias negativas adoran enfocarse en los problemas. Todo lo que debemos de hacer vincular nuestra oferta a esta frase.

"Pero aquí está el problema. Para ganar dinero extra, tenemos que trabajar en dos o tres empleos. Y sólo hay 24 horas en un día. La solución es comenzar con un negocio de medio tiempo. Este negocio puede crecer mientras trabajamos un empleo de tiempo completo."

"Pero aquí está el problema. Las dietas provocan hambre. Esto nos hace sentir miserables. En lugar de eso, vamos a cambiar lo que desayunamos y dejar que nuestra malteada naturalmente queme los kilos extras."

"Pero aquí está el problema. Conseguir un abogado que proteja nuestros derechos requiere cuotas altísimas. Con nuestro servicio, podemos hablar con un abogado 24 horas al día por teléfono por una pequeña cuota mensual."

"Pero aquí está el problema. Nuestro sistema de cuidado del cutis nos hará lucir más jóvenes en sólo 30 días. Sin embargo, tus amigas del trabajo estarán celosas."

"Pero aquí está el problema. Es más fácil desanimarnos mientras construimos nuestro negocio de medio tiempo. Por eso recomendamos 15 minutos de desarrollo personal al día."

"Pero aquí está el problema. Tenemos habilidades para una profesión diferente. Ahora estamos comenzando una profesión nueva con redes de mercadeo. Debemos tomarnos el tiempo de aprender nuevas habilidades."

"Si no…"

El programa del Miedo a la Pérdida trabaja tiempo extra dentro del cerebro de nuestros prospectos. No quieren arrepentirse de no sacar ventaja de una oportunidad.

Pero hay un miedo opuesto, el miedo de tomar una mala decisión.

¿Cuál miedo es más fuerte dentro de los prospectos? El miedo a tomar una mala decisión.

Para atravesar el miedo de nuestros prospectos de tomar una mala decisión, nos enfocamos en lo que podrían perder si no salen adelante con nosotros. ¿Cómo haremos eso?

Prueba haciendo esta pregunta en el momento apropiado:

"Si no comienzas un negocio de tiempo parcial, ¿qué sucederá?"

Esto le da a nuestros prospectos una oportunidad de pensar en las cosas malas que ocurrirán si no obtienen el dinero extra. Tal vez vean sus deudas actuales acumulándose. O pudieran elegir una escuela inferior para sus hijos.

Una vez que vean este sombrío panorama, abrirán su mente con respecto a nuestra oportunidad.

En lugar de buscar razones por las cuales nuestro negocio no funcionará, comienzan a buscar razones por las cuales sí funcionará.

Rory Williams sugirió esto cuando estemos hablando con estudiantes próximos a la graduación. Ella dice: –Si no comienzas tu negocio de medio tiempo, ¿cómo vas a poder reducir tu deuda universitaria y aún así construir tu carrera?–

¿Y qué pensarán? "¡Rayos! Tienes razón. Tengo esta enorme deuda universitaria que luce como una nube de tormenta sobre mí por los próximos 10 o 15 años. Quiero librarme de esa nube para poder construir la vida de mis sueños. Dime cómo funciona tu negocio." Compromiso instantáneo.

Aquí hay algunos ejemplos más.

"Si no comienzas este programa de dieta hoy, ¿dónde crees que estará tu peso en 30 días?"

"Si no tienes este plan de protección legal, ¿crees que la gente que quiere abusar de ti tendrá misericordia?"

"Si no sacas ventaja de nuestro programa de descuentos de viajes, ¿cuánto dinero gastarás de más en tus próximas vacaciones?"

"Si no detienes a las arrugas desde adentro, ¿piensas que dejarás de arrugarte por arte de magia?"

"Si no comienzas un negocio de medio tiempo ahora, ¿cómo conseguirás el dinero para invertir en tu retiro?"

"Si no comienzas a construir tu negocio propio hoy, ¿cuánto tiempo más crees que puedas aguantar a tu jefe vampiro chupa-sueños?"

"Si decides no comenzar un negocio para trabajar desde casa ahora, ¿piensas que de pronto comenzarás a disfrutas tus dos horas de tráfico al día?"

"Una pequeña precaución…"

Adivinaste, esta frase trabaja de forma similar a la frase anterior. A las personas no les gusta cometer errores, así que escucharán cada una de nuestras palabras. Aquí hay algunos ejemplos.

"Una pequeña precaución. Nuestro sistema quema-grasa es tan veloz que tal vez querrás seguirlo con la supervisión de tu médico de cabecera."

"Una pequeña precaución. Cuando lleguen los cheques de bonificaciones, muchas personas salen y compran juguetes nuevos. En lugar de eso, nosotros recomendamos liquidar cualquier deuda primero."

"Una pequeña precaución. Tener un abogado personal en tu marcado rápido te puede hacer sentir poderoso y se te puede subir a la cabeza."

"Una pequeña precaución. Estos limpiadores naturales están concentrados. Sólo usa el 25% de lo que normalmente usas."

"Una pequeña precaución. Dos horas al día conduciendo en el tráfico no se recuperan nunca. Necesitas un mejor plan."

"Una pequeña precaución. No nos estamos haciendo más jóvenes, pero podemos reducir nuestro proceso de envejecimiento."

"Se pone peor."

¡Oh no! ¿Qué ocurre después? ¿Qué tan malo puede ser?

Si queremos incrementar el drama y la tensión en las mentes de nuestros prospectos, estas palabras sirven. Tendremos su atención. Significa que nuestras palabras siguientes serán escuchadas. Algunos ejemplos rápidos.

"Se pone peor. Los precios suben de 10 a 20% cada año. Nuestros cheques sólo suben 1%"

"Se pone peor. La mayoría de las vacaciones ordinarias pueden ser estresantes. Regresamos más cansados que cuando nos fuimos."

"Se pone peor. Cuando nos morimos de hambre para perder peso, nuestro metabolismo se frena. Esto hace que sea aún más difícil perder peso."

"Se pone peor. Cuando finalmente tenemos edad para retirarnos, estamos demasiado viejos para disfrutarlo."

"Se pone peor. No están construyendo caminos nuevos, así que conducir al trabajo nos tomará más tiempo cada año."

"Se pone peor. Las arrugas son una vía de un solo sentido. Una vez que las tenemos, no podemos librarnos de ellas."

Decir malas noticias es la manera más fácil de conseguir la atención de nuestros prospectos.

"Ahora."

Nuestro cerebro es muy básico. Toma decisiones basadas en programas desarrollados a través de generaciones y generaciones de humanidad.

A las personas les gusta permanecer dentro de sus zonas de confort. Esto explica por qué la gente prefiere seguir donde están. Ellos saben cuál será su experiencia. Hacer algo nuevo los saca de su zona de confort. Nosotros dudamos al tomar el riesgo de esas nuevas experiencias.

También, el futuro es difícil de visualizar para nuestros cerebros básicos. Nuestros cerebros comprenden el "ahora." Así que cuando hablamos sobre el futuro, podríamos estresar el cerebro de nuestros prospectos. Cuando hablamos sobre el "ahora," es fácil para nuestros cerebros comprender y visualizar.

¿Quieres algunos ejemplos de cómo "ahora" es fácil, y cómo es difícil para nosotros planear el futuro?

- Seguros de vida. Las personas detestan comprar seguros de vida. Se tienen que vender.
- Dietas saludables. Comemos ese pastel y un helado hoy, jamás nos preocupamos por el mañana.
- ¿Ejercicio? Empezaremos nuestro entrenamiento la próxima semana.
- ¿Trabajar hoy, y esperar que nos paguen en el futuro? Bueno, eso será difícil de ver para las personas.

Una manera de aliviar el estrés es enfocarnos en nuestra presentación del "ahora."

Si podemos hacer que nuestros prospectos piensen en un paso inmediato, no pensarán muy fuerte sobre lo que tienen que hacer en el futuro. Nuestra estrategia es presentar un primer paso simple para nuestros prospectos.

Preguntémonos, "¿Qué clase de primeros pasos puedo proponer para que mis prospectos lo sientan simple y fácil de ejecutar?"

Aquí hay algunos ejemplos de primeros pasos de "ahora" para nuestros prospectos.

"Vamos a preparar una malteada de proteína ahora. Pruébala. Luego repite esto cada mañana por dos semanas. Hablamos luego."

"Pon esta crema en tu rostro ahora. Luego, siente la diferencia mañana temprano cuando despiertes."

"Mira este folleto de viajes ahora. Elige unas vacaciones que te gustaría tomar con tu familia."

Nuestros cerebros toman decisiones rápidas de "ahora." Detestamos analizar información, videos, panfletos, testimoniales, reportes de investigación, listas de ingredientes, etc. En lugar de eso, nuestros cerebros toman decisiones rápidas de "sí" y "no" e ignoran el resto de información.

Así que tener menos detalles finos, hacer las cosas simples, y mantener nuestra conversación en el "ahora" le facilita las cosas a nuestros prospectos para que tomen una decisión de "sí."

"Ahora" siempre es mejor que algún momento en el futuro.

"¡Gratis!"

La palabra "gratis" parece ocasionar un corto circuito en nuestro cerebro. Amamos lo "gratis."

Vendedor: "Experimenta nuestra prueba gratis de cinco días. Luego tú decides."

Nuestra mente: "Ten cuidado. Puede haber un truco. Pero, el vendedor dijo que era gratis. ¿Qué podría salir mal? Nos encanta lo gratis. Pero, ¿no deberíamos ser escépticos? Pero lo gratis significa que no hay riesgo. Bien, tal vez deberíamos decir que queremos pensarlo más para estar seguros. Pero es gratis, ¿por qué no sacamos ventaja de inmediato? Lo gratis es bueno. ¡Gratis! ¡Gratis! ¡Gratis!"

Sí, hay algo acerca de la palabra "gratis" que nos hace entrar en acción de inmediato. Cuando usamos esta palabra con nuestros prospectos, su deseo por lo "gratis" atraviesa mucha de su resistencia. Aquí hay algunos ejemplos de cómo usar la palabra "gratis" en nuestras conversaciones.

"Usa esta muestra gratis para que puedas sentir los beneficios."

"Nuestra prueba gratis de cinco días significa que tienes tiempo antes de tomar tu decisión final."

"Acompáñanos a nuestra llamada de entrenamiento gratis el martes por la noche. Te encantará el contenido."

"Nuestros clientes regulares reciben productos gratis todos los meses."

"Mira gratis nuestro negocio el martes a las 7 pm."

"Capacitación gratis cuando te unes a nuestro negocio esta noche."

"Tips gratis pagados por la compañía."

"Tú" y "Nosotros."

Los humanos son egoístas. Pensamos sobre nosotros demasiado. En nuestra opinión, el universo gira en torno a nosotros.

Da un rápido vistazo a una foto grupal. ¿A quién miramos primero? A nosotros mismos, ¡por supuesto!

Cuando hablamos con prospectos, debemos tener en mente esta tendencia egoísta. A los prospectos no les importa nuestra vida, y les importa aún menos lo que tenemos para ofrecer.

Cuando hablamos con otros, aquí hay dos estrategias que sirven.

Estrategia #1: Usa la palabra "tú" bastante. Esto nos ayuda a enfocarnos en nuestros prospectos, y no en nuestros planes. Queremos hablar sobre el negocio de nuestros prospectos, los problemas de nuestros prospectos, etc. Esto es lo único que les interesa a nuestros prospectos. Ahora es un buen momento para evaluarnos grabando una de nuestras conversaciones. Si escuchamos que usamos la palabra "yo" con mucha frecuencia, ahora es el momento de cambiar cómo hablamos con nuestros prospectos.

Antes: "Yo tengo un producto genial."

Después: "Tú puedes tener este producto genial."

Antes: "Yo puedo solucionar este problema."

Después: "Tú puedes solucionar este problema."

Antes: "Yo represento…"

Después: "Esto es para ti…"

Antes: "Nuestros productos son geniales."

Después: "Estos productos te encantarán."

Cuando hablamos con los demás, la conversación debería ser totalmente sobre ellos.

Estrategia #2: Usa "nosotros" para hacer que nuestros prospectos se sientan más cómodos. Podrían comenzar a sentirse parte del equipo. Cuando nuestros prospectos tienen que tomar decisiones y entrar en acción solos, el miedo al cambio los frena. Cuando nos ofrecemos para sujetar su mano a través del proceso, es más fácil para ellos el salir adelante. Y como bono, nos ayuda a construir una afinidad más fuerte.

Aquí hay algunos ejemplos.

Antes: "Tú puedes comenzar esta noche."

Después: "Nosotros podemos comenzar esta noche."

Antes: "Tú odias los largos desplazamientos al trabajo."

Después: "Nosotros odiamos los desplazamientos."

Antes: "Hacer dietas es difícil."

Después: "Para nosotros es difícil hacer dietas con nuestras vidas tan ocupadas."

Antes: "Este producto ayuda a reducir las arrugas."

Después: "Podemos usar este producto para reducir nuestras arrugas."

"Se escabulló como un ninja cubierto de Vaselina a media noche."

Hace veinte años, estaba rebotando dentro de un crucero cerca de la Antártica. Aburrido. Así que decidí entrar a Internet para pasar el tiempo y retar a Art Jonak a un experimento de escribir encabezados. Tenía el tiempo de planear mi encabezado perfecto para conseguir respuestas.

En nuestro foro, publiqué, "Se escabulló como un ninja cubierto de Vaselina a media noche." El encabezado sacudió a la gente. Desplazó todo lo demás en el foro... excepto por el encabezado de Art. Él simplemente publicó, "¡Aquí hay pruebas!"

No sé por qué, pero cuando anunciamos que tenemos pruebas, las personas se interesan. Quizá la gente piensa, "No estaba seguro antes, pero aquí hay pruebas. ¡Esto debe de ser bueno! Veamos si estoy de acuerdo."

Para capturar la atención de nuestros prospectos, todo lo que debemos decir es, "¡Aquí hay pruebas!" Nuestros prospectos desesperadamente quieren leer o escuchar nuestras pruebas.

"¡Aquí hay pruebas!" Funciona bien para atrapar la atención de nuestros prospectos en redes sociales.

Aquí hay algunos ejemplos.

"No pasarás hambre con esta dieta. ¡Aquí hay pruebas!"

"Para todos mis escépticos, ¡aquí hay pruebas!"

"¡Aquí hay pruebas! Tu piel lucirá más joven en sólo cuatro días."

"Nunca serás capaz de jubilarte. ¡Aquí hay pruebas!"

"Sí, podemos extender nuestras vidas. ¡Aquí hay pruebas."

"No necesitamos un título universitario para ser ricos. ¡Aquí hay pruebas!"

Estas tres simples palabras facilitan que nuestros prospectos nos escuchen.

Ahora, veamos más frases mágicas que podemos usar.

TEN UNA CONVERSACIÓN EN LUGAR DE UNA PRESENTACIÓN.

Tener una conversación significa que le permitimos hablar a nuestros prospectos. Para hacer interesantes nuestras conversaciones, nuestros prospectos deberían ser los que hablan la mayoría del tiempo. ¿Cómo hacemos que ocurra? Con preguntas.

Nuestras presentaciones repletas de datos son aburridas. Los prospectos ven cientos de anuncios cada semana. Para ellos, todo luce borroso. Todos aseguran ser los primeros, los mejores, los más grandes y tener los productos más maravillosos que se han visto jamás en la historia de la humanidad. Los prospectos han desarrollado inmunidad ante todo ese sensacionalismo.

Las presentaciones no hacen que los prospectos decidan de inmediato. Así que no nos preocupemos por ellas. En lugar de eso, vamos a enfocar nuestra conversación que podemos tener con los prospectos para conducirlos a una decisión. Aquí es donde los profesionales invierten su tiempo.

Aquí hay algunas preguntas que podemos hacer que dirigen a nuestros prospectos a tomar decisiones. Estas preguntas los hacen pensar. Si podemos hacer que piensen, podemos capturar su atención.

Pregunta #1: "¿Qué te gustaría realmente?"

Ahora nuestros prospectos pueden decirnos sus metas. Tal vez quieren una piel más suave. Más energía, un segundo ingreso para que puedan enviar a sus hijos a una escuela privada. Un cambio de carrera. Una mejor experiencia en sus vacaciones.

Permite que los prospectos describan exactamente lo que quieren. Esto les ayuda a verse a sí mismos disfrutando de estas cosas. Y si no podemos hacer que hablen por mucho tiempo, podemos decir algunas cosas para animarlos como, "Dime más."

Bono: Cuando nos dicen lo que les gusta realmente, sabemos exactamente qué ofrecerles.

Pregunta #2: "¿Qué hará esto por ti?"

Ahora nuestros prospectos experimentan el sentimiento que tendrán si se logran las metas. Entre mejor se sientan en este momento, más motivados estarán de comprar o unirse. Podemos ver una sonrisa en sus rostros mientras se imaginan esta futura buena experiencia.

Pregunta #3: "¿Qué estarías dispuesto a hacer para que esto ocurra?"

La respuesta de nuestros prospectos nos dice su nivel de compromiso. Vemos cuáles sacrificios están dispuestos a hacer para crear esta nueva realidad. Quizá es un compromiso de tiempo, o incluso un compromiso monetario. Pero el punto más importante es, están dispuestos a tomar acción.

Pregunta #4: "¿Me permitirías ayudarte a lograr esta meta?"

Vaya. Una poderosa y segura pregunta que hace que nuestros prospectos se sientan genial. Cuando ofrecemos ayudarles, se sienten más confiados en que su meta se puede alcanzar. Ellos aprecian cuando nos ofrecemos a ayudarles, puesto que pueden no saber qué hacer a continuación.

Pregunta #5: "¿Qué pasos has planeado anteriormente?"

"¿Qué pasos?" Si nuestros prospectos son como la mayoría de las personas, no tienen un plan. La mayoría de las personas tiene deseos, esperanzas y sueños, pero nunca crea un plan para alcanzar sus metas. Ahora nuestros prospectos piensan, "No tengo un plan. Espero que tú tengas un plan. Eso me ayudaría bastante."

Luciremos como un héroe por que no sólo tenemos un plan, les ayudaremos con el plan.

Aquí hay un rápido ejemplo de cómo suenan estas cinco preguntas en la conversación.

Pregunta #1: "¿Qué te gustaría realmente?"

Prospectos: "Queremos trabajar desde nuestra casa."

Pregunta #2: "¿Qué hará esto por ti?"

Prospectos: "Para cuando llegamos a casa del trabajo, ya son las 6:15 pm. Luego vamos por nuestros niños a la guardería. Luego les damos de cenar y los metemos a la cama. No tenemos nada de tiempo en familia."

Pregunta #3: "¿Qué estarías dispuesto a hacer para que esto ocurra?"

Prospectos: "No sabemos. Nunca lo habíamos pensado. Pero sabemos que tenemos que hacer algo diferente. Queremos un cambio. No sabemos qué hacer."

Pregunta #4: "¿Me permitirías ayudarte a lograr esta meta?"

Prospectos: "¡Sí! Por favor ayúdanos. Nos vendría bien toda la ayuda que podamos recibir."

Pregunta #5: "¿Qué pasos has planeado anteriormente?"

Prospectos: "Bueno, intentamos recortando nuestro presupuesto para que sólo uno de nosotros tenga que trabajar. Pero las cuentas siguieron apilándose, y ahora tenemos una enorme deuda con las tarjetas de crédito. No podemos hacer eso otra vez."

Como podemos ver, esto será fácil. Ahora tenemos prospectos de mente abierta listos para nuestra siguiente solución.

¿Podemos ir más profundo?

Sí. En lugar de hablar sobre lo que quieren, podríamos hablar sobre sus problemas. Las personas están diez veces más interesadas en problemas que en beneficios. El propósito de un negocio es resolver los problemas de las demás personas.

Así que, vamos a tomar la aproximación de los problemas para iniciar la conversación. ¿Qué tipo de preguntas podríamos hacer? Prueba con esto.

Pregunta #1: "¿Cuál crees que sea el problema real?"

Ahora nuestros prospectos deben de pensar en las causas de su problemática. ¿Están interesados? Por supuesto.

Pregunta #2: "¿Esto ya te ha causado problemas?"

Nuestros prospectos comienzan a pensar sobre el dolor de su situación actual. Quizá la lucha al final del mes cuando el cheque no alcanza. O, probar un sinfín de dietas que no sirven y los dejan con un sentimiento de frustración.

Pregunta #3: "¿Has intentado resolver este problema antes? ¿Qué soluciones intentaste?"

Es bueno conocer la historia del problema, y cuáles soluciones no han funcionado. Nuestros prospectos pueden tener una tendencia contra una de nuestras posibles soluciones. Un buen momento de averiguarlo es ahora mismo. Cuando escuchemos sus batallas con soluciones que no han servido, deberíamos de tomar notas mentales. Esto nos ayuda a evitar objeciones cuando presentamos nuestras soluciones.

Pregunta #4: "¿Cuánto tiempo y esfuerzo estás dispuesto a invertir para resolver tu problema?"

No mencionamos dinero, pero eso está implícito. La mayoría de los prospectos serios saben que se requiere tiempo, dinero, esfuerzo, la cooperación de otros, y más para resolver sus problemas. Esta conversación se está haciendo muy interesante para nuestros prospectos.

Nosotros les ayudamos a enfocarse en este problema. ¿Por qué es importante esto? Por que odiamos el dolor.

Cuando pensamos en un problema, nuestras mentes quieren pensar en algo más. Queremos que la atención de nuestros prospectos se centre en el problema.

Pregunta #5: "¿Este es tu problema más grande, o hay más?"

Sorpresa, sorpresa. A menudo nuestros prospectos se frenan y no nos dicen el problema real. Tenemos que construir su confianza a través de preguntas como ésta antes de que nos digan el problema real.

Una vez que divulgan el problema real, hay un sentido de unión. Tendremos su atención entera y su confianza.

Ahora veamos una rápida muestra de la conversación.

Pregunta #1: "¿Cuál crees que sea el problema real?"

Prospectos: "No tenemos dinero suficiente. Nuestros sueldos son muy bajos."

Pregunta #2: "¿Esto ya te ha causado problemas?"

Prospectos: "Seguro. Nuestros pagos mínimos en la tarjeta ya están arriba de $500 al mes. Esto hace todavía más difícil pagar la hipoteca y la mensualidad del auto."

Pregunta #3: "¿Has intentado resolver este problema antes? ¿Qué soluciones intentaste?"

Prospectos: "Ambos tratamos de conseguir empleos de medio tiempo. Pero regresamos a casa demasiado tarde y nadie necesita ayuda tan tarde en la noche."

Pregunta #4: "¿Cuánto tiempo y esfuerzo estás dispuesto a invertir para resolver tu problema?"

Prospectos: "Podemos trabajar pocas horas por la noche, pero tiene que ser después de las 7pm."

Pregunta #5: "¿Este es tu problema más grande, o hay más?"

Prospectos: "A los dos nos detesta nuestro trabajo. No hay oportunidad de aumentos ni crecimiento. Necesitamos una nueva carrera donde podamos ganar lo que valemos."

¿Qué piensas? ¿Será una conversación fácil sobre nuestro negocio? Sí.

¿Necesitamos una manera más simple de hacer esto? Si es así, aquí hay un genial atajo.

"¿Piensas que tu plan actual es la respuesta?"

Una pregunta genial para hacerle a los prospectos.

¿Por qué?

#1. Tienen que detenerse a pensar. Tenemos su atención.

#2. Esta pregunta crea dudas en sus mentes y los hace preguntarse si tienen el plan correcto. Una vez que creamos duda, los prospectos buscarán alternativas y prestarán atención a nuestra solución.

Como seres humanos, la mayoría de nuestros planes no funcionan. ¿Por qué? Debido a que sentimos que tenemos una fuerza de voluntad ilimitada, actuamos lógicamente, y nuestra motivación durará por siempre.

¡Oh, cielos! Con eso como premisa, podemos ver por qué nuestros planes actuales fracasarán. Demos un vistazo a este ejemplo.

TEN UNA CONVERSACIÓN EN LUGAR DE UNA PRESENTACIÓN.

El plan actual para la dieta de John.

- Levantarse una hora antes todas las mañanas.
- Ejercitarse enérgicamente durante 45 minutos.
- Comer dos cucharadas de jugo de pasto recién cortado del jardín.
- Rechazar rosquillas y golosinas gratuitas en la oficina.
- Beber 10 vasos de jugo de limón y agua antes de cada comida.
- Caminar 45 minutos durante la comida para eliminar los dolores de hambre.
- Mirar fotografías de apio como snack de media tarde.
- Tragar dos bocados insípidos de proteína horneada como cena.
- Mirar cómo la familia disfruta del postre.
- Reemplazar el tiempo de televisión con videos de ejercicios.
- Usar tapones de oídos para no escuchar cómo gruñe su estómago por la noche.

Claro. ¡Eso jamás funcionará!

Así que le preguntamos a John, "¿Piensas que tu plan actual es la respuesta?" ¿Y qué ocurre?

John mira su plan actual fallido y dice, "Te escucho. ¿Qué sugieres?"

¿Los humanos tienen muchos planes? Sí. Aquí hay algunos.

- Planes de ejercicio.
- Planes de vacaciones.
- Planes de ahorro para el retiro.

- Proyectos para sus casas.
- Planes de mejorar su salud.
- Y sí, planes de dietas.

Hay más planes, pero tenemos la idea. La mayoría de nuestros planes fracasará, y lo sabemos. Cuando alguien nos pregunta si nuestro plan actual es la respuesta, estamos listos para hablar.

TODOS DEBERÍAN CONOCER Y USAR ESTAS FRASES MÁGICAS.

Estas frases comunes nos facilitan que nuestros prospectos permanezcan involucrados.

Vamos a comenzar con una de las frases más versátiles que podemos usar donde sea.

"La mayoría de las personas."

¿Por qué esto funciona tan bien? Debido a que las personas se sienten seguras cuando están con la mayoría de las personas. Si estamos solos, el riesgo es mayor. No hay nadie que nos ayude.

Los grupos grandes se burlan y critican a los solitarios. Tenemos un programa que nos dice que debemos encajar en el grupo. Este programa es muy fuerte.

¿De dónde obtenemos este programa? Miles de años atrás nos agrupamos en manadas para sobrevivir en un mundo muy hostil. Muchos grandes mamíferos querían comernos. Si nos expulsaban del grupo, rechazados por la mayoría, había una gran probabilidad de convertirnos en comida para tigres. Es por eso que tenemos una tendencia natural a querer encajar en un grupo grande.

¿Odiamos las críticas? Por supuesto. Si salimos a solas y tomamos una mala decisión, el grupo grande ama burlarse de nosotros. Es por eso que es tan difícil para las personas el tomar una decisión de hacer algo diferente. Primero, está la posibilidad de las críticas. Segundo, no estamos seguros de los resultados. Esto crear un enorme miedo al cambio.

Las palabras "la mayoría de las personas" vienen a nuestro rescate. Cuando nuestros prospectos escuchan estas palabras, se sienten seguros de hacer el cambio que les proponemos. Se sienten parte de un grupo más grande y sus preocupaciones sobre seguridad se desvanecen.

Si los miembros de tu equipo son escépticos sobre usar palabras mágicas, pídeles que hagan este experimento. Durante la siguiente semana, intenta usar las palabras "la mayoría de las personas" en cada oportunidad que tengan. Experimentarán las sonrisas de los prospectos relajados.

Las palabras "la mayoría de las personas" se cubren a detalle en otros libros de Big Al. Aquí hay algunos ejemplos de usar "la mayoría de las personas" cuando hacemos presentaciones con prospectos.

"La mayoría de las personas adora esta parte."

"La mayoría de las personas quieren un cheque extra."

"La mayoría de las personas quiere que su rostro sea su mejor primera impresión."

"La mayoría de las personas siente que crecer realmente duele."

"La mayoría de las personas quiere pasar mejores vacaciones."

"La mayoría de las personas quiere más tiempo con sus niños."

"La mayoría de las personas odia las dietas."

"La mayoría de las personas sabe que las dietas no funcionan y quieren una mejor solución."

"La mayoría de las personas no puede ahorrar lo suficiente para su retiro."

"La mayoría de las personas quiere pagar menos por sus servicios básicos."

"La mayoría de las personas quiere resolver este problema ahora."

"La mayoría de las personas no quiere sentirse mal por que no sacaron ventaja de una oportunidad."

Las palabras "la mayoría de las personas" se sienten naturales. No asustan a las personas con las que hablamos, y nos sentimos genial cuando las decimos.

"Todo mundo sabe" y "Todo mundo dice."

Las palabras "todo mundo sabe" y "todo mundo dice" tienen el mismo efecto. Los prospectos simplemente asienten con la cabeza en acuerdo cuando las decimos. Estas palabras mágicas nos ahorran tiempo ¿Por qué? Debido a que no tenemos que perder tiempo en pruebas. Las palabras que decimos a continuación usualmente son aceptadas como verdad. No hacen falta más pruebas. Ahorramos tiempo. Nuestros prospectos ahorran tiempo. Es un ganar-ganar para todos.

No hace falta mucha imaginación para crear ejemplos. Aquí tienes algunos que ayudarán a comenzar.

"Todo mundo sabe que las toxinas son malas para nuestra salud."

"Todo mundo dice que es difícil vivir con un solo cheque hoy en día."

"Todo mundo sabe que es complicado hacer ejercicio con nuestra agenda apretada."

"Todo mundo dice que quiere jubilarse joven."

"Todo mundo sabe que nada cambiará a menos que nosotros cambiemos."

"Todo mundo dice que las palabras mágicas son fáciles de aprender."

"Todo mundo sabe" y "todo mundo dice" son palabras mágicas fáciles y naturales que cualquiera puede usar de inmediato.

"Hay un viejo dicho…"

Nadie cuestiona los "viejos dichos." Pensamos, "Los viejos dichos han estado aquí desde siempre. Supongo que deben de ser verdad."

Pero, ¿qué nos impide crear nuestros propios "viejos dichos" cuando los necesitamos? Nada.

Imagina que tenemos un mensaje que nuestros prospectos resisten. Podríamos ayudarle a nuestro mensaje a ingresar a la cabeza de nuestros prospectos si lo hacemos parte de un viejo dicho. Aquí tienes un ejemplo.

Decimos, "Esta píldora de súper-nutrición hará que tu rostro luzca más joven." Un mensaje genial, pero es bloqueado por la mente de nuestros prospectos.

En lugar de eso, cambiamos la frase diciendo, "Hay un viejo dicho, que la mejor forma de prevenir las arrugas es desde adentro." Ahora nuestra píldora de súper-nutrición tiene que ser una solución genial en sus mentes. ¿Otro ejemplo?

Decimos, "Nuestro negocio te dará una segunda fuente de ingreso. No tienes que preocuparte por que todo tu ingreso dependa del humor de tu jefe." mientras que esto suena bien, nuestros prospectos podrían ser escépticos. Vamos a modificar esto de nuevo usando nuestras palabras mágicas.

"Hay un viejo dicho, que podemos dormir mejor cuando tenemos dos cheques en lugar de uno."

Por supuesto que esto debe ser verdad por que es un viejo dicho. Ahora entregamos el mensaje de que tener una segunda fuente de ingreso es más seguro que esperar que el primer ingreso no desaparezca.

Vamos a hacer un ejemplo más.

Decimos, "Nosotros no vendemos productos de dieta. Vendemos un cambio en tu estilo de vida." Muy poco inspirador. La mente de nuestros prospectos ya está pensando en algo más.

En lugar de eso decimos, "Hay un viejo dicho que dice que si comienzas una dieta, eventualmente terminas dejándola. Nosotros prevenimos que el peso regrese con nuestro sistema sin dietas."

Los viejos dichos se sienten como un resumen. A los prospectos les gustan los mensajes breves.

"¿Estaría bien si...?"

Esta es una de nuestras favoritas. ¿Por qué? No sólo captura la atención de nuestros prospectos al pedir permiso amablemente, sino que también los obliga a pensar, "¡Sí, sí, sí! Quiero ayudarte de cualquier manera posible."

Ahora, podríamos decir, "¿Lo harías? ¿Podrías? ¿Puedes?" Pero estas palabras no tienen el mismo poder. Estas tres poderosas palabras deberían ser un hábito. Cuando nos encontremos pidiendo un favor, un permiso, o una decisión sin decir estas palabras, ¡deberíamos golpearnos en la muñeca! Puede tomar un tiempo hacer un hábito de decir estas palabras, pero nos servirán por el resto de nuestras vidas.

Estas tres palabras son geniales palabras de apertura. ¿Por qué? Están libres de rechazo. Son amables. Aquí hay algunos ejemplos.

"¿Estaría bien si le damos un vistazo a esto ahora?"

"¿Estaría bien si hablamos más durante el almuerzo?"

"¿Estaría bien si tomamos un café con Mary? Puede contarnos lo que está haciendo para remplazar su trabajo."

"¿Estaría bien si pruebas esta dieta por siete días? Ve qué tan fácil es perder peso cuando no tienes hambre."

"¿Estaría bien si revisamos otra opción?"

"¿Estaría bien si te muestro lo que estoy haciendo?"

Estas tres palabras son geniales para cerrar también. Veamos algunas posibilidades.

"¿Estaría bien si comenzamos ahora?"

"¿Estaría bien si hablamos primero con tu mejor amiga?"

"¿Estaría bien si pruebas primero los productos?"

"¿Estaría bien si comenzamos a borrar esas arrugas?"

"¿Estaría bien si entramos a Internet y pasamos cinco minutos recortando tu factura eléctrica?"

"¿Estaría bien si tomas esto todas las tardes para tener más energía?"

"¿Estaría bien si planeamos tus siguientes vacaciones familiares ya?"

"¿Estaría bien si nunca tuvieses que preocuparte por que te estafen de nuevo?"

Podrías estar pensando que estas palabras suenan muy familiares, ¿Por qué? Debido a que los demás usan estas palabras para conseguir decisiones de "sí" de nuestra parte a diario.

Piensa en los niños. Son pequeños e indefensos, pero obtienen todo lo que quieren. ¿Cómo lo hacen? Palabras mágicas, por supuesto. Mira si estas peticiones de nuestros niños te suenan familiares.

"¿Estaría bien si hago mi tarea el domingo?"

"¿Estaría bien si me quedo a dormir en casa de Heather esta noche?"

"¿Estaría bien si tomo prestado el coche y nunca lo devuelvo?" (Sí, mi hija se salió con la suya en eso.)

Así que, ¿estaría bien si agregamos "¿Estaría bien si..." a nuestra caja de herramientas de palabras mágicas? Funcionan. Todo lo que debemos hacer es usar estas palabras.

Tomemos las próximas frases mágicas y pongámoslas dentro de una situación práctica que todos encontraremos.

"¿A QUÉ TE DEDICAS?"

Imagina que alguien nos pregunta a qué nos dedicamos. Aquí está la oportunidad perfecta de entregar nuestro mensaje, si usamos la técnica correcta. Nuestros prospectos esperan una respuesta de una oración. Sin embargo, con palabras mágicas, podemos comprar más tiempo de atención dentro de la mente de nuestros prospectos.

Primero, veamos una respuesta ordinaria.

Prospectos: "¿A qué te dedicas?"

Nosotros: "Vendo los productos de la compañía XYZ."

Está bien, eso es correcto. ¿Emocionante? No. Nuestras oportunidades de prospección son muy bajas.

Veamos cómo eso suena con una frase probada para romper el hielo.

Prospectos: "¿A qué te dedicas?"

Nosotros: "Yo le muestro a las personas cómo iniciar un negocio de medio tiempo para que puedan tener dinero extra."

Mejor. Entregamos nuestro beneficio dentro de las mentes de nuestros prospectos. Pero, ¿podríamos hacerlo mejor? ¡Sí!

Vamos a mejorarlo con una respuesta del tipo problema/solución.

Prospectos: "¿A qué te dedicas?"

Nosotros: "Bueno, tú sabes cómo todo es tan caro hoy en día. Yo le muestro a las personas cómo tener un segundo ingreso para que no estén estresados por dinero."

Menciona un problema, y luego nuestra solución se siente mejor para nuestros prospectos. Pero sólo tenemos una o dos frases.

¿Qué tal si queremos tomar el control de las mentes de nuestros prospectos por más tiempo? ¿Cómo podemos capturar y mantener su atención durante varias frases?

La respuesta es con una historia.

Todos tienen tiempo para una historia. A los humanos les encantan las historias. Los niños pequeños, tan pronto son capaces de hablar, dicen, "¡Mami! ¡Papi! Cuéntame un cuento."

Las historias hipnotizan a los humanos, y escuchamos más tiempo como resultado.

¿Cómo anunciaremos a nuestros prospectos que les contaremos una historia? Podríamos usar las palabras "Érase una vez," pero usualmente reservamos esas palabras para historias infantiles. En lugar de eso, necesitamos una frase diferente para poner las mentes de nuestros prospectos en modo historia. Aquí está:

"Supón que…"

Estas dos palabras liberan la imaginación de nuestros prospectos. Ellos harán una película con las palabras que sigan.

Nos gusta comunicarnos con historias. Es una manera natural de pensar, comprender y aprender para los humanos. Escuchar historias es fácil. Hemos estado escuchando historias toda nuestra vida.

Las historias pueden ser cortas o largas. Pero sólo tendremos los beneficios de congelar el cerebro de nuestros prospectos por pocos segundos. Eso significa que nuestras historias deben de ser breves. Las buenas noticias son que las historias cortas pueden ser de varias frases. Esto le da a nuestro mensaje más profundidad y emoción.

Aquí hay algunos ejemplos:

Prospectos: "¿A qué te dedicas?"

Nosotros: "Supón que regresas de comer y sientes ganas de dormir la siesta. Te dices a ti mismo, 'Esto no es divertido. Detesto batallar con esto cada tarde. Me pregunto si habrá algo que pueda hacer para tener energía saludable en lugar de ahogarme en cafeína?' Bueno, tengo algo para eso."

¡Pum! Nuestro mensaje completo, entregado como historia. Lo que es aún mejor es que nuestros prospectos recordarán nuestra historia. Cada vez que se sientan cansados, recordarán nuestra historia. Es como tener una alarma automática de seguimiento dentro de sus cabezas. La mente humana quiere creer historias, y está programada para recordarlas.

Sin rechazo. Sólo una simple historia corta para responder su pregunta, "¿A qué te dedicas?"

¿Qué hizo posible todo esto? Las palabras mágicas, "Supón que..." Esto enciende el proyector de películas dentro de la mente de nuestros prospectos.

Aquí hay algunas historias con "Supón que..." para activar nuestra imaginación.

Prospectos: "¿A qué te dedicas?"

Nosotros: "Supón que te miras en el espejo una mañana y dices, 'Quisiera que mi piel luciera más joven. No me gustan estas finas arrugas. Amaba cómo mi piel era radiante cuando era adolescente. Me pregunto si existe algo que pueda hacer que no sea una cirugía o Botox.' Bueno, yo le muestro a las mujeres cómo regresar la juventud a su cutis simplemente cambiando sus productos para el cuidado de su rostro."

Prospectos: "¿A qué te dedicas?"

Nosotros: "Supón que te levantas un día y piensas, 'Me gusta mi casa y pasar tiempo con mi familia. Odio levantarme de madrugada para salir a trabajar y pelear contra el tráfico. Pierdo dos horas al día sentado en el coche y el estrés está en aumento. ¿Cómo sería la vida si pudiese trabajar desde mi casa? No más desplazamientos tediosos, y podría estar con mi familia.' Bien, yo le muestro a las personas cómo hacer que ese sueño se haga realidad."

Prospectos: "¿A qué te dedicas?"

Nosotros: "Supón que queremos vivir más tiempo en lugar de morir pronto. ¿Qué haríamos para que eso ocurriera? Por supuesto que haríamos ejercicio diario y comeríamos bien. Pero en lugar de tomar píldoras de vitaminas y minerales unitalla, ¿qué nutrientes deberíamos tomar para extender nuestras vidas? No lo sabemos. Eso es un serio problema para la mayoría. Yo le muestro a las personas exactamente cuáles nutrientes pueden tomar para vivir más y mejor."

Prospectos: "¿A qué te dedicas?"

Nosotros: "Supón que recibes el recibo eléctrico de cada mes. Y piensas, 'El verano comienza el próximo mes. Los costos de mi aire acondicionado se irán por las nubes. Cada verano el pago de la electricidad se triplica. ¿Qué puedo hacer?' Bueno, yo le ayudo a las familias a bajar la tarifa eléctrica para que puedan disfrutar sus veranos en lugar de pasarlos sudando."

Si nos aburrimos diciendo "Supón que," podemos sustituirlo por, "Imagina que." La palabra "imagina" también activa el proyector de películas dentro de la mente de nuestros prospectos. Y sí, esto le dice a nuestros prospectos que viene una historia.

Aquí hay un ejemplo de Paul Fillare, quien vende servicios legales.

Prospectos: "¿A qué te dedicas?"

Paul: "Imagina que terminas discutiendo con tu casero por que no hizo ninguna de las reparaciones que dijo que haría. Los de la tintorería arruinaron tu camisa favorita, y tienen un letrero donde dice 'No nos responsabilizamos por prendas dañadas.' Recibes una multa por exceso de velocidad pero tú sabes que no ibas arriba del límite. O te conviertes en víctima de robo de identidad. Bien, yo ayudo a que todas esas situaciones desaparezcan, como si nunca hubiesen ocurrido."

¿Quieres otro ejemplo?

Prospectos: "¿A qué te dedicas?"

Nosotros: "Imagina que es momento para las vacaciones familiares. Tú piensas '¿A dónde iremos este año? Los vuelos y las tarifas de hotel son muy caros. No podemos ir muy lejos. Además, no necesitamos un descanso.' Bien, yo ayudo a las familias a pasar vacaciones de cinco estrellas por el precio de un hotel promedio. Ahora sus vacaciones crean recuerdos para toda la vida."

"Aquí está la historia corta."

"Supón que" e "Imagina que" no son las únicas maneras de indicarle a nuestros prospectos que estamos por contar una historia. Esta frase es aún más directa: "Aquí está la historia corta." No hay duda en las mentes de nuestros prospectos que estaremos contando una historia. Pero está bien. Ellos aman las historias. Y adoran las historias cortas. Todos están ocupados. Cuando prometemos que nuestra historia será corta, nos escucharán.

Aquí hay algunos ejemplos más de cómo responder a la pregunta "¿A qué te dedicas?"

"Aquí está la historia corta. ¿Recibes una factura eléctrica cada mes? Pregúntate, '¿Estaría bien si pudiese pagar menos por mi electricidad para usar los ahorros en algo que disfrute más?' Eso es lo que hacemos. Ahora, pregúntate si tus vecinos te amarían más si les permites que ahorren también. ¡Por supuesto que sí! Al hacer esto, estarás ganando dinero cada vez que tus vecinos enciendan sus luces."

Ahí está. Nuestro mensaje completo entregado en sólo pocos segundos. Nuestros prospectos escuchan nuestro mensaje, y pueden decidir si es un mensaje que les sirve o no.

¿Otro ejemplo? Hagamos varios.

"Aquí está la historia corta. Los trabajos interfieren con nuestra semana. No sólo nos quitan ocho horas al día, sino que el agobiante tráfico para llegar al trabajo lo hace todavía peor. Cuando finalmente regresamos a casa para ver a nuestra familia, estamos exhaustos. Nosotros le ofrecemos a las personas una oportunidad para trabajar desde su casa con su propio negocio. A muchas personas les gusta eso y están tomando esa opción."

Nuestros prospectos escucharán esta historia y decidirán si es una buena opción para ellos o no.

"Aquí está la historia corta. Te mereces un aumento. Es más fácil conseguir un aumento con tu propio negocio de medio tiempo."

¿Qué piensas que nos preguntarán los prospectos a continuación? Es lindo cuando los prospectos nos piden más información sobre nuestro negocio.

Probemos con un ejemplo de productos de dieta.

"Aquí está la historia corta. La gente hace ejercicios, se matan de hambre, comen cosas chistosas, pero el peso siempre regresa. Comenzar una dieta significa eventualmente abandonar esa dieta. Luego el peso termina regresando con algunos kilos extras como castigo por intentarlo. Yo le muestro a las personas cómo perder peso al nunca hacer dieta. En lugar de eso simplemente cambian lo que toman en el desayuno."

¿Cuidado para el cutis?

"Aquí está la historia corta. Las arrugas tarde o temprano llegan. No podemos evitarlas. Pero, podemos retrasar su aparición por otros 15 o 20 años si sabemos qué hacer. Yo le muestro a las mujeres exactamente qué hacer para conservar su piel joven."

¿Limpiadores naturales?

"Aquí está la historia corta. Todo mundo quiere ayudar al medio ambiente, pero no tenemos el tiempo de salir a recoger basura de nuestros ríos y lagos. Pero, podemos ayudar a nuestro medio ambiente aún más si cambiamos los limpiadores químicos que usamos actualmente por limpiadores naturales y orgánicos. Yo le ayudo a las familias a hacer ese cambio."

¿Productos para la salud?

"Aquí está la historia corta. Todos vamos a morir, pero no hace falta apresurarnos. Todo mundo se pregunta, '¿Cómo puedo extender mi vida?' Yo le ayudo a las personas con eso."

A los prospectos les fascina cuando decimos, "Aquí está la historia corta." Les deja saber que no usaremos mucho de su tiempo.

¿Servicios básicos?

"Aquí está la historia corta. Recibes una factura eléctrica mensualmente. También podrías recibir una factura más baja y pagar menos."

¿Telefonía móvil?

"Aquí está la historia corta. Pagas una factura por tu servicio móvil cada mes. También podrías pagar menos."

¿Listo para enfocarnos en algunas frases mágicas para cerrar a nuestros prospectos?

CERRAR Y OBTENER LA DECISIÓN.

¿Nuestro obstáculo más grande para conseguir una decisión? Demoras.

Es fácil **no** tomar una decisión. Requiere esfuerzo. Podemos retrasar nuestro compromiso a la acción para siempre. Suena algo como esto.

"Necesito pensarlo más."

"Nos pondremos en contacto contigo."

"Tengo que investigarlo más."

"No estamos listos para comenzar."

"Tengo que preguntarle a mis amigos antes."

"Mi esposo y yo tenemos que hablar sobre esto."

"No he tenido oportunidad de revisarlo todavía."

"¿Hay algún video o más información que puedas enviarme?"

Nosotros escuchamos estas demoras, nos rendimos, y esperamos que nuestra compañía nos premie con un bono de "hice lo que pude." Ninguna compañía paga este tipo de bono en su plan de compensación.

Sólo nos pagan por las decisiones positivas que conseguimos. Así que vamos a probar algunas palabras mágicas para guiar a nuestros prospectos a tomar decisiones más rápidamente.

"Elegir."

Cuando comenzamos nuestro negocio, inventamos o adivinamos lo que le decimos a nuestros prospectos.

¿Nuestro razonamiento? "Oh, se siente bien. Tuve la sospecha de que podría probar diciendo esto. Mi nuevo plan es adivinar al azar." ¡Auch! Este puede que que no sea el mejor modo de construir un negocio sólido para el futuro.

Vamos a comparar para ver mejor la diferencia que hacen mejores frases, más profesionales.

Distribuidor amateur adivinando al azar: "Eh, ¿qué fue lo que más te gustó de lo que te mostré? ¿Quieres entrar ya? La persona que me metió ganó mucho dinero. Somos únicos. Vamos, ¿por qué no lo intentas?"

Distribuidor profesional usando mejores frases: "Elegir salir adelante es una decisión. Elegir no salir adelante también es una decisión."

Cuando usamos la palabra "elegir," ocurren algunas cosas buenas.

Primero, nuestros prospectos sienten que tienen el control. El miedo que tienen a que los presionemos a tomar una decisión se desvanece. Cuando nuestros prospectos se relajan, pueden tomar una mejor decisión en base a sus necesidades.

Segundo, cuando nuestros prospectos "eligen," toman su decisión final. No debemos preocuparnos sobre que demoren las cosas diciendo, "Quiero pensarlo más."

Tercero, no hay oportunidad para el rechazo. Todo lo que hacemos es permitirle a nuestros prospectos elegir la acción que es mejor para ellos. Si eligen salir adelante con nosotros, genial. Si eligen no salir adelante, eso es genial también. Eso podría ser lo mejor para ellos.

Aquí están las buenas noticias. Podemos usar frases pegajosas y otras técnicas más avanzadas para hacer que nuestra opción sea la mejor opción. No hace falta vender o convencerlos. Los prospectos son inteligentes. Tienen sentido común. Pueden decidir lo que es mejor para ellos. Nos elegirán a nosotros y a nuestras opciones.

Aquí está cómo luce eso en acción.

Etienne Laliberté le dice esto a sus prospectos: –Elegir frenar el proceso de envejecimiento con estos suplementos es una buena decisión. Pero también puedes elegir no invertir en tu salud y continuar con la misma velocidad de envejecimiento actual.–

Los prospectos piensan, "¡¿Qué?! ¿Envejecer a la misma velocidad? No. No. No. ¡Dame esos suplementos!"

Hagamos más ejemplos.

"Elegir comenzar tu programa de dieta ahora es una decisión genial. Y elegir conservar tu peso actual al no comenzar nuestro programa de dieta también es una decisión."

"Elegir comenzar tu negocio de medio tiempo esta noche es una decisión que puedes tomar ahora. Pero, también puedes tomar la decisión de no comenzar, y conformarte con pelear contra el tráfico para ir a trabajar hasta que te jubiles."

"Elegir dar un paso adelante y convertirte en tu propio jefe es una decisión. Sin embargo, también puedes elegir no hacer esto y continuar trabajando para alguien más."

"Elegir unas vacaciones de ensueño con nosotros es una decisión que tu familia amará. Pero, también puedes decidir continuar tomando vacaciones como lo hiciste el año pasado."

"Elegir unirte a nuestro negocio y aprender nuevas habilidades es una decisión. Pero también puedes elegir permanecer donde estás."

Nuestros prospectos se sienten bien. Les damos el control. No te preocupes. Cuando le mostramos a nuestros prospectos las opciones reales, la mayoría querrá tomar nuestra solución.

"¿Y qué sería más fácil para ti?"

Di estas palabras: "¿Y qué sería más fácil para ti?" Luego, le damos a nuestros prospectos dos opciones.

Opción #1. Continuar con la vida tal como es. Sí, eso es tomar la decisión de no hacer nada. Pero, nota que esto **es** una decisión.

Opción #2. Tomar acción con nuestro mensaje. Esta sería una decisión de comprar o unirse.

Aquí están esas palabras de cierre en acción:

"¿Y qué sería más fácil para ti? ¿Continuar peleando con en tráfico a diario por el resto de tu carrera? O, ¿comenzar hoy la cuenta regresiva para despedir a tu jefe, para que puedas trabajar desde tu casa?"

No más demoras. Nuestros prospectos deben decidir si no quieren tomar acción, olvidar las esperanzas, y resignarse a una vida miserable en el tráfico... o, tomar acción ahora, para poder tener un futuro diferente.

Fácil. Sin rechazo. Hecho. ¿Quieres más ejemplos?

"¿Y qué sería más fácil para ti? ¿Cuidar bien a tu cutis ahora, o tener que recurrir a las inyecciones de Botox después?"

"¿Y qué sería más fácil para ti? ¿Seguir pasando las vacaciones en el departamento de tu suegra? ¿O pasar unas vacaciones verdaderas con toda tu familia usando nuestro servicio de viajes con descuento?"

"¿Y qué sería más fácil para ti? ¿Pedirle a tu jefe un aumento del 50%, o comenzar tu propio negocio hoy y ganar el dinero que necesitas?"

"¿Y qué sería más fácil para ti? ¿Sentir la vergüenza de pagar la factura eléctrica más alta de la cuadra? O, ¿pasar cinco minutos conmigo ahora para que recibas una tarifa más baja?"

"¿Y qué sería más fácil para ti? ¿Continuar haciendo dietas, ejercicios, comiendo comidas chistosas, y viendo cómo el peso regresa? O, ¿tomar nuestra malteada de proteína todas las mañanas, y nunca preocuparte por las dietas de nuevo?"

"¿Y qué sería más fácil para ti? ¿Continuar peleando contra el tráfico por las mañanas hasta que tengas 65 años? ¿O comenzar tu negocio de tiempo parcial esta noche para que el próximo año puedas estar trabajando desde tu casa?"

"¿Y qué sería más fácil para ti? ¿Seguir intentando sobrevivir con un cheque? O, ¿comenzar tu negocio de medio tiempo para que puedas tener dinero extra?"

Estas palabras crean opciones claras para nuestros prospectos.

"Esto funciona para ti o no. ¿Qué te gustaría hacer?"

Aquí está otra manera de darle a nuestros prospectos una decisión. Cuando toman su decisión, no hay más demoras. Ahora algunos ejemplos rápidos.

"Tener un cheque extra funciona para ti o no. ¿Qué te gustaría hacer?"

"Perder peso cambiando lo que tomas en el desayuno funciona para ti o no. ¿Qué te gustaría hacer?"

"Ser tu propio jefe en lugar de recibir órdenes de alguien más funciona para ti o no. ¿Qué te gustaría hacer?"

"Tener piel que luzca más joven funciona para ti o no. ¿Qué te gustaría hacer?"

"Que te paguen por lo que realmente vales funciona para ti o no. ¿Qué te gustaría hacer?"

"Reducir tu riesgo teniendo un segundo cheque funciona para ti o no. ¿Qué te gustaría hacer?"

"Tener una oportunidad de ganar vacaciones totalmente pagadas funciona para ti o no. ¿Qué te gustaría hacer?"

"Hacer más barata tu factura eléctrica entrando cinco minutos a Internet funciona para ti o no. ¿Qué te gustaría hacer?"

A los prospectos les encanta tener opciones. Sienten que tienen el control. ¿Por qué no aliviar la presión de nuestros prospectos al permitirles elegir lo que es mejor para ellos?

¿Quieres otra manera de quitar la presión de los hombros de nuestros prospectos? Podríamos parafrasear sus opciones diciendo esto:

"Puedes tomar la decisión de comenzar hoy, o puedes tomar la decisión de no comenzar hoy y mantener tu vida exactamente como está."

La elección es clara.

"¿Cómo te sentirás cuando...?"

Es fácil mantener la atención de nuestros prospectos cuando ellos son quienes están hablando. A los prospectos les encanta hablar de ellos mismos. Cuando los escuchamos, construimos una afinidad más fuerte. A las personas les gustan las personas que escuchan.

Hacemos que nuestros prospectos hablen haciéndoles preguntas. Pero el tipo de pregunta que usemos hará una diferencia. No queremos usar preguntas que nuestros prospectos puedan responder con "sí" o "no." En lugar de eso, haremos preguntas abiertas que harán que nuestros prospectos hablen más.

Podemos ir un paso más allá. ¿Qué tal si nuestra pregunta hace que nuestros prospectos visualicen los beneficios de nuestra oferta? Es más fácil que los prospectos compren cuando se pueden ver a ellos mismos usando el producto o disfrutando de los beneficios de nuestra oportunidad. Probablemente todos hemos escuchado a alguien decir, "No me veo haciendo esto." Eso significa que no pueden visualizar que esto funcione para ellos. Esto los conduce a una decisión de "no."

Aquí está la pregunta que podemos usar para comenzar esta visualización:

"¿Cómo te sentirás cuando...?"

Esta pregunta enciende el proyector de películas dentro de sus mentes. Aquí hay un ejemplo.

"¿Cómo te sentirás cuando te pares frente al espejo, con tu ropa favorita que no podías ponerte por años?"

Nuestros prospectos se visualizan delgados, con un buen cuerpo frente al espejo. Una sonrisa en su rostro. Prácticamente se están vendiendo a ellos mismos ahora.

Aquí hay algunos ejemplos más de esta poderosa pregunta.

"¿Cómo te sentirás cuando entres a la oficina de tu jefe y le digas que ya no tienes tiempo para él en tu agenda?"

"¿Cómo te sentirás cuando te des cuenta de que eres quien luce más joven en la reunión de los 20 años de tu generación?"

"¿Cómo te sentirás cuando toda tu familia se siente a comer en este hotel todo incluido, y no tengas que preocuparte por pagar la cuenta?"

"¿Cómo te sentirás cuando te peses en tu báscula y te des cuenta de que ya perdiste 5 kilos?"

"¿Cómo te sentirás cuando le digas a tus hijos que las vacaciones de este año serán en Disney World?"

"¿Cómo te sentirás cuando le digas a tu abusivo casero, 'Espera un momento. Voy a poner a mi abogado al teléfono.'"

"¿Cómo te sentirás cuando puedas dormir hasta las 7:30 cada mañana por que no tienes que salir a luchar contra el tráfico?"

"¿Cómo te sentirás cuando sepas que estás ganando dinero cada vez que tus vecinos encienden sus luces?"

Entre más pronto en nuestra conversación podamos introducir esta pregunta, más efectiva se hace. ¿Por qué? Cuando se ven a sí mismos disfrutando de nuestro ofrecimiento dentro de su mente… bueno, ¡ahí es donde se toman las decisiones!

Nuestros prospectos toman decisiones basados en sus sentimientos, después, justifican sus decisiones con lógica.

"¿Tiene sentido..."

Las personalidades verdes son las personas analíticas que conocemos. Puedes encontrar a estas personalidades en profesiones tales como programación, contaduría e ingeniería. ¿Quieres que las personalidades verdes tomen una decisión? Usa esta pregunta.

"¿Tiene sentido para ti hacer esto?"

No los estamos acorralando contra una esquina, obligándolos a tomar una decisión de "sí" o "no." En lugar de eso, sólo les estamos preguntando si tiene sentido. Esa es una enorme diferencia para las personalidades verdes. No se sienten presionados. Aquí tienes algunos ejemplos.

"¿Tiene sentido comenzar ahora, para que puedas recibir tu primer cheque la próxima semana?"

"¿Tiene sentido que comencemos el proceso de desintoxicación como equipo para ayudarnos mutuamente?"

"¿Tiene sentido ordenar un pedido para un mes ahora?"

"¿Tiene sentido dejar de esperar que te den un aumento del 50% este año?"

"¿Tiene sentido agregar un segundo ingreso para que puedas jubilarte más fácilmente?"

"Si… si no."

De algún modo, la palabra "si" captura nuestra atención. Quizá sentimos que algo malo está por sucedernos, pero "si" significa que podemos hacer algo al respecto. De todas maneras, la palabra "si" es divertida de usar por que funciona.

Aquí hay algunos ejemplos de cómo usar esta fórmula.

"Si ir a trabajar, pagar las cuentas, y ahorrar las sobras funciona para ti… genial. Si no, vamos a platicar."

"Si trabajar para tu jefe, desplazarte diariamente, y recibir una semana de vacaciones al año funciona para ti… genial. Si no, deberíamos de hablar."

"Si hacer dietas, ir al gimnasio y comer cosas chistosas te funciona… no hay problema. Si no, toma nuestra malteada en el desayuno para perder esos kilos extras."

"Si puedes tolerar estafas y que te tomen el pelo… no hay problema. Si no, usa nuestro plan legal."

"Si dejar que tu piel se reseque desde adentro te sirve… no hay problema. Si no, usa esto antes de dormir por la noche."

"Si las vacaciones ordinarias te funcionan… no hay problema. Si no, checa esto."

No sólo capturamos la atención de nuestros prospectos, cerramos y obtenemos decisiones instantáneas.

"¿Queremos arriesgarnos al no hacer nada?"

No queremos ser agresivos ni presionar. Pero, hacer nada es una decisión de permanecer exactamente donde estamos. Hay riesgos cuando no hacemos cambios en nuestras vidas.

Parte de nuestro mensaje debería de dejarle saber a nuestros prospectos no sólo las recompensas, sino también los riesgos. Como podemos ver, la palabra "riesgo" activa la atención de nuestros prospectos.

Todos quieren evitar los riesgos. ¿Por qué? Debido a que tenemos un miedo tremendo a la pérdida. Hay un viejo dicho, que nuestro miedo a perder es más grande que nuestro deseo de ganar.

Nuestra misión es entregar nuestro mensaje a las mentes abiertas. Luego nuestros prospectos pueden decidir si nuestro mensaje les sirve o no. La palabra clave aquí es "decidir." Nuestros prospectos deben tomar una decisión de salir adelante, o quedarse donde están.

Para hacer esto cambiaremos el marco de referencia de nuestros prospectos sobre el riesgo. Les dejaremos saber que hay un riesgo al avanzar, por supuesto. Pero, también dejaremos que nuestros prospectos sepan que puede ser más riesgoso permanecer donde están.

Ahora, vamos a acojinar esta pregunta al incluirnos en la pregunta. Entonces, no sonará agresiva o temible. Aquí tienes algunos ejemplos.

"¿Queremos arriesgar nuestro futuro financiero teniendo todo nuestro ingreso en un sólo lugar?"

"¿Qué le pasará a nuestra piel si no la protegemos de las arrugas?"

"¿Qué ocurrirá si no comenzamos una dieta y empezamos a perder peso?"

"¿Cómo vamos a lidiar con los precios en aumento si no tenemos un segundo ingreso?"

Podemos colocar estas palabras dentro de nuestra presentación normal.

Mira si esto captura la atención de nuestros prospectos.

"No tienes que sacar ventaja de nuestro negocio. Pero, puedes estar pensando, 'Si no me uno a este negocio, ¿qué tan riesgoso será depender de mi jefe para que me de un aumento y pueda pagar mis deudas?'"

¿Otra manera de verbalizar esto?

Podríamos decir, "¿Y qué le ocurrirá a las personas que deciden arriesgarlo todo con un solo ingreso de su trabajo? Te dejaré tomar ese riesgo si decides limitar tus fuentes de ingreso."

¡Auch!

Ahora, tenemos a nuestros prospectos pensando sobre nuestra propuesta. Nuestro mensaje ha sido escuchado.

"¿Estás casado con tu empleo o tienes una mente abierta?"

Nos encanta esta frase debido a que nos ayuda a cerrar a nuestros prospectos antes incluso de comenzar nuestra presentación.

Hace veinte años, Jean-Philippe Hulin y yo estábamos dirigiendo un seminario en Bélgica. Mientras comíamos, notamos que nuestro camarero estaba extremadamente ocupado.

Se detuvo en nuestra mesa y Jean-Philippe dijo: –¿Estás casado con tu empleo o tienes una mente abierta?–

El camarero respondió: –¡Mente abierta! El otro mesero no vino a trabajar hoy. Estoy trabajando por dos personas. Además, no saldré hoy a las 5 pm como tenía planeado. Debido a que mi compañero no se presentó, tengo que trabajar hasta las 8 pm. Sí, ¡tengo una mente abierta!–

Le dijimos al camarero que hablaríamos con él más tarde por la noche cuando termináramos nuestro seminario. Sabíamos que estaba ocupado.

Tomamos un *coffee break* a media tarde. El camarero corrió a nuestra mesa y dijo: –No se olvidarán de mí, ¿verdad? Estoy esperando poder hablar con ustedes.–

¿Por qué fue tan fácil?

Primero, la mayoría de las personas no quieren decir, "Tengo una mente cerrada." Es fácil conseguir respuestas positivas cuando preguntamos, "¿Tienes una mente abierta?"

Segundo, demasiadas personas se sienten insatisfechas en sus trabajos. Quieren más en sus vidas, pero no saben dónde encontrarlo. Están felices de escuchar que les podemos dar una opción más en sus vidas.

Piensa en las personas que responden, "No, no tengo una mente abierta. Estoy feliz con mi trabajo. No quiero ver nada más."

Estos no-prospectos nos ahorraron tiempo y se ahorraron a ellos mismos tiempo al decirnos que no quieren dar un vistazo ahora.

Vamos a hacer algunos ejemplos más usando esta aproximación.

"¿Tienes una mente abierta sobre nuevas posibilidades de carrera?"

"¿Tienes una mente abierta sobre una nueva forma de bajar de peso?"

"¿Tienes una mente abierta sobre opciones nuevas para cuidar tu cutis?"

"¿Te sientes con una mente abierta cuando se trata de comprar productos nuevos?"

"Aquí está el resultado final."

En los reportes financieros, la mayoría de las personas ve números borrosos. El número que resalta a la vista está en el último renglón. El último renglón muestra si el negocio hizo dinero, perdió dinero. En otras palabras, es el atajo hacia el resumen del reporte entero.

Cuando decimos "Aquí está el resultado final" con nuestros prospectos, sus oídos se levantan. Sus mentes están pensando, "Genial. Esto es todo lo que necesito saber. Dámelo ahora."

Este es otro lugar genial para transmitir nuestro mensaje. Tenemos la atención completa de nuestros prospectos. Hagamos algunos ejemplos rápidos.

"Aquí está el resultado final. Si no comenzamos nuestro propio negocio, entonces nos estamos sentenciando a una vida de trabajos forzados."

"Aquí está el resultado final. Nunca hagas dieta. ¿Por qué? Por que cuando dejas de hacerla, la grasa siempre regresa en menos tiempo."

"Aquí está el resultado final. Nadie va a recibir un aumento de sueldo del 50% este año. Debemos de hacer algo por nuestra cuenta para salir adelante."

"Aquí está el resultado final. Queremos vivir más tiempo. Esto nos puede ayudar."

"Aquí está el resultado final. Comemos comida chatarra, y eso nos hace sentirnos como chatarra."

"Aquí está el resultado final. Puede tomarnos años recibir un aumento, sin embargo, puedes darte un aumento a ti mismo tan rápido como quieras con nuestro negocio."

"Aquí está el resultado final. Si seguimos haciendo las mismas cosas, asistiendo al mismo empleo, nada va a cambiar."

"Aquí está el resultado final. A los 50 años de edad no podemos ahorrar suficiente dinero para retirarnos. Necesitas un segundo ingreso."

"Aquí está el resultado final. Puedes continuar pagando más por las vacaciones de tu familia, o puedes ahorrar mucho dinero al reservarlas con nosotros."

Si comenzamos nuestra presentación con el "resultado final," la mayoría de los prospectos, especialmente los de personalidad roja, nos amarán.

"¿Estás de acuerdo con...?"

Hablamos sobre esta poderosa frase de cuatro palabras en nuestros libros, *Pre-Cierres para Redes de Mercadeo* y *Cierres para Redes de Mercadeo*.

Decir esta poderosa frase de cuatro palabras atrapa la atención instantánea de nuestros prospectos. Ellos se detienen y piensan, "Estoy a punto de perder algo. No me gusta perder cosas. Tengo miedo a perder algo. ¿Qué es? ¡Dímelo ya!" Y ahora insertamos nuestro mensaje, atravesando todas las barreras que bloquean la comunicación hacia la mente de nuestros prospectos.

Podemos usar esta frase temprano en nuestras conversaciones con prospectos. Aquí hay algunos ejemplos.

"¿Estás de acuerdo con ese largo desplazamiento para ir a trabajar el resto de tu carrera?"

"¿Estás de acuerdo con no tener suficiente dinero extra para tu retiro?"

"¿Estás de acuerdo con trabajar durante 45 años como tus padres?"

"¿Estás de acuerdo con morir de hambre en una dieta, sólo para ver cómo el peso regresa cuando la termines?"

"¿Estás de acuerdo con no hacer nada para detener la formación de arrugas?"

"¿Estás de acuerdo con mostrarle a tus hijos fotografías de Disney World, en lugar de llevarlos?"

"¿Estás de acuerdo con trabajar 40 horas cada semana para construir el sueño de tu jefe, y no tener tiempo para tus propios sueños?"

"¿Estás de acuerdo con dejar a los niños en la guardería diariamente mientras vas a la oficina?"

"¿Estás de acuerdo con no tener defensa cuando otras personas traten de abusar de ti?"

"¿Estás de acuerdo con renunciar a tus sueños y seguir aquí en este empleo?"

"¿Estás de acuerdo con sentirte cansado y de malas todos los días cuando regresas a la casa de trabajar?"

"¿Estás de acuerdo con sentirte viejo y no hacer nada al respecto?"

Como podemos ver esta pregunta crea dolor instantáneo – y por lo tanto decisiones instantáneas – dentro de las mentes de nuestros prospectos. Ahora nos están prestando atención. No quieren los resultados de no hacer nada.

Pero también podemos usar esta frase al final de nuestras presentaciones.

¿Algunos ejemplos?

"¿Estás de acuerdo con darte por vencido y ni siquiera intentar esto?" (Está bien, un poquito agresivo, pero la elección es clara.)

"¿Estás de acuerdo con no tratar de resolver este problema?"

"¿Estás de acuerdo con seguir probando dietas ordinarias que sabes que no funcionan?"

"¿Estás de acuerdo con no usar nuestro suero para el cutis y permitir que tu piel siga arrugándose?"

"¿Estás de acuerdo con no tener el dinero extra y ver televisión en su lugar?"

"¿Estás de acuerdo con seguir demorando la decisión de solucionar este problema?"

"¿Estás de acuerdo con que la edad te siga afectando?"

"¿Estás de acuerdo con seguir trabajando en un empleo para el que no tienes paciencia?"

"¿Estás de acuerdo con no entrar a Internet ahora y rebajar tus tarifas de electricidad?"

Estas cuatro palabras hacen que nuestros prospectos aclaren sus mentes y tomen una decisión. Cuando nuestras decisiones son duras y dolorosas, perdemos la atención y pensamos en algo más placentero. Estas cuatro palabras previenen eso.

PALABRAS MÁGICAS QUE LEEN LA MENTE.

Cosas grandiosas ocurren cuando utilizamos nuestras habilidades para leer la mente.

Primero, cuando leemos las mentes de nuestros prospectos, creamos una mejor afinidad. Ellos sienten que los comprendemos. Piensan, "Tú yo pensamos lo mismo." Esto es bueno. Removemos muchas de las dudas y el escepticismo que pudiesen tener sobre nosotros y nuestro mensaje.

Segundo, esto es impresionante. Pareciera como si tuviésemos superpoderes. Esto nos da más influencia e impacto con nuestro mensaje.

Así que vamos a abrir las mentes de nuestros prospectos con estas palabras mágicas para leer la mente.

"Como probablemente ya sabes."

Bueno, si ellos ya saben lo que estamos a punto de decir, debe de ser verdad. Esto significa que podemos ahorrarnos las gráficas, las pruebas, y los detalles interminables. Esto nos permite entregar un mensaje más claro. ¿Algunos ejemplos?

"Como probablemente ya sabes, conducir al trabajo nos roba tiempo de estar con nuestra familia."

"Como probablemente ya sabes, perder peso es muy difícil."

"Como probablemente ya sabes, las arrugas no se irán por sí solas."

"Como probablemente ya sabes, los trabajos interfieren con nuestra semana."

"Como probablemente ya sabes, un segundo ingreso nos ayudará a jubilarnos más rápido."

"Como probablemente ya sabes, unas vacaciones para toda la familia son costosas."

Al agregar las palabras "Como probablemente ya sabes" a nuestros datos, hacemos que los datos sean más creíbles. Qué manera tan genial de hacer llegar nuestro mensaje al cerebro de nuestros prospectos.

"Si eres como la mayoría de las personas."

Bien, la mayoría de las personas es como la mayoría de las personas. Y, la mayoría de las personas quiere ser como los demás. ¿Por qué? Debido a que sabemos que es más seguro estar en un grupo. No tenemos que pensar tan fuerte sobre nuestras decisiones si los demás han tomado las mismas decisiones primero.

Hagamos algunos ejemplos rápidos.

"Si eres como la mayoría de las personas, quieres enviar a tus hijos a una mejor escuela."

"Si eres como la mayoría de las personas, quieres bajar de peso pero sin pasar hambre."

"Si eres como la mayoría de las personas, un segundo cheque cada mes te ayudará a facilitarte las cosas."

"Si eres como la mayoría de las personas, probablemente tienes sueños de ser tu propio jefe."

"Si eres como la mayoría de las personas, quieres retrasar la aparición de las arrugas tanto como sea posible."

"Si eres como la mayoría de las personas, recibir un aumento del 50% es poco probable."

"Si eres como la mayoría de las personas, ya te diste cuenta de que las cosas son más caras hoy en día."

Esta frase le ayuda a nuestros prospectos a estar de acuerdo con nuestros datos iniciales. Luego, podemos continuar con el resto de nuestro mensaje.

Como podemos ver, "Si eres como la mayoría de las personas" es una frase muy poderosa. ¿Por qué?

Como sabemos, tomar decisiones puede ser duro. Pensar, considerar y analizar las opciones consume la energía de nuestro cerebro. Para ahorrar energía, nuestros cerebros buscan atajos.

Uno de los atajos es ver lo que otras personas han hecho antes que nosotros. Es por eso que las opiniones y reseñas son importantes durante el proceso de toma de decisiones. Cuando somos confrontados con demasiadas opciones, nuestros cerebros buscan una salida fácil. Nuestros cerebros dicen, "Hagamos lo que la mayoría de las personas hizo en una situación similar."

Nos sentimos seguros al seguir el juego con el resto de la multitud.

¿Quieres hacer que esto se sienta aún más personal?

Entonces sustituye esta frase; "Si eres como yo…" Aquí hay algunos rápidos ejemplos.

"Si eres como yo, detestas perder tiempo en el tráfico todas las mañanas."

"Si eres como yo, encuentras difícil tener un horario para hacer ejercicio."

"Si eres como yo, odias cuando la gente intenta abusar de ti."

"Si eres como yo, quieres que tu rostro sea tu mejor primera impresión."

"Probablemente estés pensando…"

Bueno, todo mundo siempre está pensando. Lo que haremos a continuación es adivinar lo que están pensando. No te preocupes si nos equivocamos. ¿Por qué? Debido a que dijimos "probablemente" y no "seguramente." Y si adivinamos bien, ¡lucimos como un genio! Algunos ejemplos:

"Probablemente estés pensando, '¿Tengo que saber vender?'"

"Probablemente estés pensando, '¿Cuánto me va a costar esto?'"

"Probablemente estás pensando, '¿Cómo voy a encontrar personas?'"

"Probablemente estás pensando, '¿Cómo sabré si esto funciona o no?'"

"Probablemente estás pensando, '¿Realmente será posible trabajar desde mi casa?'"

"Probablemente estás pensando, '¿Hay algún tipo de garantía?'"

"Probablemente estás pensando, '¿Qué tengo que hacer para ganar ese dinero?'"

Esta frase nos ayuda a crear lazos con nuestros prospectos, ellos sienten que tenemos empatía por su situación.

Otra manera de decir esto sería, "Quizá te preguntes..." Cualquiera de las dos frases funciona muy bien. Usemos lo que se siente más natural para nosotros.

FINALMENTE...

Los primeros pocos segundos son críticos.

Sólo tenemos una oportunidad de capturar la atención de nuestros prospectos.

¿Podemos hacerlo? Sí.

Si fracasamos, nuestro mensaje cae en oídos sordos.

Elegir usar estas palabras mágicas iluminará nuestro futuro. Más personas nos escucharán y se comprometerán con nuestros maravillosos mensajes.

Así que...

Si hablar con zombies te funciona... genial. Si no, usa estas frases mágicas y observa cómo tu negocio crece.

AGRADECIMIENTO.

Gracias por adquirir y leer este libro. Esperamos que hayas encontrado algunas ideas que te servirán.

Antes de que te vayas, ¿estaría bien si te pedimos un pequeño favor? ¿Tomarías sólo un minuto para dejar una frase o dos como comentario en línea de este libro? Tu opinión puede ayudar a otros a elegir qué leer a continuación. Sería de gran ayuda para muchos otros lectores.

Viajo por el mundo más de 240 días al año.
Envíame un correo si quisieras que hiciera
un taller "en vivo" en tu área.

→ BigAlSeminars.com ←

POR QUÉ NECESITAS
COMENZAR A HACER
REDES DE
MERCADEO

Cómo Eliminar El Riesgo
Y Tener Una Vida Mejor

KEITH SCHREITER

¡OBSEQUIO GRATIS!

¡Descarga ya tu libro gratuito!

Perfecto para nuevos distribuidores. Perfecto para
distribuidores actuales que quieren aprender más.

→ BigAlBooks.com/freespanish ←

Otros geniales libros de Big Al están disponibles en:

→ BigAlBooks.com/spanish ←

MÁS LIBROS EN ESPAÑOL

BigAlBooks.com/Spanish

Mini-Guiones para los Cuatro Colores de las Personalidades
Cómo Hablar con Nuestros Prospectos de Redes de Mercadeo

3 Hábitos Fáciles para Redes de Mercadeo
Automatiza Tu Éxito en MLM

Crea Influencia
10 Maneras de Impactar y Guiar a Otros

¿Por Qué Mis Metas No Funcionan?
Los Colores de las Personalidades para Redes de Mercadeo

¡Cómo Hacer que los Niños Digan SÍ!
Usando los Cuatro Colores de Lenguajes Secretos para Hacer que los Niños Escuchen

La Historia de Dos Minutos para Redes de Mercadeo
¡Crea una Grandiosa Historia Memorable!

Guía de Inicio Rápido para Redes de Mercadeo
Comienza RÁPIDO, ¡Sin Rechazos!

Pre-Cierres para Redes de Mercadeo
Decisiones de "Sí" Antes de la Presentación

Cierres para Redes de Mercadeo
Cómo Hacer que los Prospectos Crucen la Línea Final

Los Cuatro Colores de Las Personalidades para MLM
El Lenguaje Secreto para Redes de Mercadeo

Cómo Construir Tu Negocio de Redes de Mercadeo en 15 Minutos al Día

La Presentación de Un Minuto
Explica Tu Negocio de Redes de Mercadeo Como un Profesional

Ventas al por Menor para Redes de Mercadeo
Cómo Conseguir Nuevos Clientes para Tu Negocio en MLM

Motivación. Acción. Resultados.
Cómo Los Líderes En Redes De Mercadeo Mueven A Sus Equipos

51 Maneras Y Lugares Para Patrocinar Nuevos Distribuidores
Descubre Prospectos Calificados Para Tu Negocio De Redes De Mercadeo

Rompe El Hielo
Cómo Hacer Que Tus Prospectos Rueguen Por una Presentación

¡Cómo Obtener Seguridad, Confianza, Influencia Y Afinidad Al Instante!
13 Maneras De Crear Mentes Abiertas Hablándole A La Mente Subconsciente

Primeras Frases Para Redes De Mercadeo
Cómo Rápidamente Poner A Los Prospectos De Tu Lado

La Magia De Hablar En Público
Éxito Y Confianza En Los Primeros 20 Segundos

MLM de Big Al la Magia de Patrocinar
Cómo Construir un Equipo de Redes de Mercadeo Rápidamente

Cómo Prospectar, Vender Y Construir Tu Negocio De Redes De Mercadeo Con Historias

Cómo Construir LÍDERES En Redes De Mercadeo Volumen Uno
Creación Paso A Paso De Profesionales En MLM

Cómo Construir Líderes En Redes De Mercadeo Volumen Dos
Actividades Y Lecciones Para Líderes de MLM

Cómo Hacer Seguimiento Con Tus Prospectos Para Redes De Mercadeo
Convierte un "Ahora no" En un "¡Ahora mismo!"

Por Qué Necesitas Comenzar A Hacer Redes De Mercadeo
Cómo Eliminar El Riesgo Y Tener Una Vida Mejor

Cómo Construir Rápidamente tu Negocio de Nutrición en Redes de Mercadeo

Motivación. Acción. Resultados.
Cómo Los Líderes En Redes De Mercadeo Mueven A Sus Equipos

51 Maneras Y Lugares Para Patrocinar Nuevos Distribuidores
Descubre Prospectos Calificados Para Tu Negocio De Redes De Mercadeo

Rompe El Hielo
Cómo Hacer Que Tus Prospectos Rueguen Por una Presentación

¡Cómo Obtener Seguridad, Confianza, Influencia Y Afinidad Al Instante!
13 Maneras De Crear Mentes Abiertas Hablándole A La Mente Subconsciente

Primeras Frases Para Redes De Mercadeo
Cómo Rápidamente Poner A Los Prospectos De Tu Lado

La Magia De Hablar En Público
Éxito Y Confianza En Los Primeros 20 Segundos

MLM de Big Al la Magia de Patrocinar
Cómo Construir un Equipo de Redes de Mercadeo Rápidamente

Cómo Prospectar, Vender Y Construir Tu Negocio De Redes De Mercadeo Con Historias

Cómo Construir LÍDERES En Redes De Mercadeo Volumen Uno
Creación Paso A Paso De Profesionales En MLM

Cómo Construir Líderes En Redes De Mercadeo Volumen Dos
Actividades Y Lecciones Para Líderes de MLM

Cómo Hacer Seguimiento Con Tus Prospectos Para Redes De Mercadeo
Convierte un "Ahora no" En un "¡Ahora mismo!"

COMENTARIO DEL TRADUCTOR

Ha sido un placer para mí traducir este libro para los lectores en español. *Cómo Obtener y Conservar la Atención de Tu Prospecto*, hace más simple construir tu negocio. Me ofrecí para traducir este libro por que las frases mágicas aquí mostradas han funcionado tan bien para mí, que deseaba compartirlas con otros.

Todas las palabras y frases de este libro han sido probadas por miles de empresarios de redes de mercadeo alrededor del mundo. Aprende y aplica estas simples y breves frases para hacer que tus prospectos te presten atención y realmente escuchen tu mensaje.

Así que deja atrás la frustración, el rechazo, el miedo, las dudas y la desesperación. Simplemente usa estas frases para que tu negocio se abra camino entre un tsunami de distracciones ante los ojos y oídos de nuestros prospectos.

Gracias por soltar viejos patrones de pensamiento y creer que hay una nueva manera de construir tu negocio de redes de mercadeo rápidamente, sólo aprende nuevas habilidades para construir un negocio estable, divertido y redituable de la manera correcta.

Deseo grandes cheques para ti y tus socios.

- Alejandro G.

SOBRE LOS AUTORES

Keith Schreiter tiene más de 20 años de experiencia en redes de mercadeo y multinivel. Keith le muestra a los empresarios de redes de mercadeo cómo usar sistemas simples para construir un negocio estable y en expansión.

¿Necesitas más prospectos? ¿Necesitas que tus prospectos se comprometan en lugar de estancarse? ¿Quieres saber cómo enganchar y mantener activo a tu grupo? Si éste es el tipo de habilidades que te gustaría dominar, te encantará su estilo de cómo hacerlo.

Keith imparte conferencias y entrenamientos en Estados Unidos, Canadá y Europa.

Tom "Big Al" Schreiter tiene más de 40 años de experiencia en redes de mercadeo y multinivel. Es el autor de la serie original de libros de entrenamiento "Big Al" a finales de la década de los 70s, continúa dando conferencias en más de 80 países sobre cómo usar las palabras exactas y frases para lograr que los prospectos abran su mente y digan "SI".

Su pasión es la comercialización de ideas, campañas de comercialización y cómo hablar a la mente subconsciente con métodos prácticos y simplificados. Siempre está en busca de casos de estudio de campañas de comercialización exitosas para sacar valiosas y útiles lecciones.

Como autor de numerosos audios de entrenamiento, Tom es un orador favorito en convenciones de varias compañías y eventos regionales.